天才孩子的教育

刘英杰 编

倾听孩子

黄河水利出版社
·郑州·

图书在版编目(CIP)数据

倾听孩子/刘英杰编.——郑州:黄河水利出版社,
2016.10 (2021.8 重印)
(天才孩子的教育)
ISBN 978-7-5509-1450-6

Ⅰ.①倾… Ⅱ.①刘… Ⅲ.①家庭教育-教育心理
学 Ⅳ.①G78

中国版本图书馆CIP数据核字(2016)第147522号

出版发行:黄河水利出版社
社　　址:河南省郑州市顺河路黄委会综合楼14层
电　　话:0371-66026940　　邮政编码:450003
网　　址:http://www.yrcp.com

印　　刷:三河市人民印务有限公司
开　　本:710mm×1000mm　1/16
印　　张:9
字　　数:140千字
版　　次:2016年10月第1版　　2021年8月第3次印刷
定　　价:39.90元

目　录

一、倾听孩子的方式

二、游戏中的倾听

三、孩子哭泣的时候

四、孩子恐惧的时候

五、孩子发脾气的时候

六、孩子愤怒的时候

七、对孩子说“不”

八、进入青春期的孩子

九、建立倾听伙伴关系

十、倾听的技巧

十一、如何有效地帮助父母们

一、倾听孩子的方式

安排专门时间倾听孩子

作为父母的,都爱自己的孩子!对孩子的爱往往是我们一生中所体验到的最深刻的感情。虽然我们不能够经常把这种感情表达出来,但是这种爱肯定在我们的生活中起着巨大的作用。与孩子的宝贵关系的中心是我们和他们在一起休息、娱乐和交流的时光。可是父母能与孩子共享天伦之乐的时间总是不够。父母与孩子都渴望有更多的时间在一起。

没有充足的时间和孩子在一起并不是父母的错。在现代社会里,父母的职能令人遗憾地被低估和误解。大多数父母都期望能建立小家庭中的温暖、亲密的关系,却发现自己承担的种种职责已占去了全部时间。超负荷的工作使父母难得与孩子在一起。父母们费尽心思地维护家庭生活,既缺少方法,又难以获得帮助。从长远来说,我们社会的一个主要功能将是为父母们提供他们所需要的方法和帮助,以支持他们尽父母之责。我们应致力于使父母们有可能从抚育子女的努力中得到快乐,而不是总担心自己会失败。

安排专门时间和孩子一起活动的办法可以很好地解决父母难得与孩子在一起的问题,可以较容易而又行之有效地密切父母与子女之间的关系。对于那些沮丧的、经常责备自己不够称职的父母们也是一剂良药。当我们使用专门时间致力于改善与子女的关系时,人所共有的内心深处的对于爱和亲密关系的需求也会得到一定的满足。我们还会充分体验到身为父母的自豪感。由于我们越来越有信心当好父母,以及我们所给予的关注,孩子们就能茁壮成长起来。

安排专门的时间和孩子在一起,是以一种活泼的形式倾听孩子,孩子通过游戏向父母讲述自己的生活和感受。从一开始你就要把全部注意力放在孩子身上。这不是漫不经心地玩耍,也不是随意地交流。你要注意孩子的所有表现,包括讲话、表情、语调、姿势、动作等等。要运用你全部的感官去捕捉信息,就像自己完全不了解孩子一样!

下面具体地介绍一下如何安排专门时间:

(1)安排一段不长但有保证的时间。这期间不能有任何干扰,不能打电话,不理会门铃声,不同时照应其他的孩子,不去沏茶倒水。总之,除了和孩子在一起,不做任何事(假如你愿意,你也可以用计时器,表示你一定会保证这段时间只属于你们两个人)。

(2)做不会让你烦恼和疲劳的事。在你选定的时间里,应该能让自己大大地松口气,把脏盘子留在洗碗池里,用这个时间好好地欣赏这个由你带进家庭的出色的孩子。

(3)在这段时间里,让孩子有支配你的权力。让孩子知道,他想要你做的任何事你都愿意做。只要是他愿意,无论是他口头告诉你还是示意给你,你都要照着去做。这种颠倒了日常生活中的力量对比的做法能鼓励孩子与你交流思想和感情,这样的交流在日常繁乱的家庭生活中是不大可能进行的。

(4)让孩子知道你确确实实欣赏他。让你的关心、感兴趣和赞许表露在你的脸上、声音和抚摸中。对你的格外热情,孩子可能显得没有什么反应。但不要中止你的表露,不要期待他的感激或对你的感情的回应。孩子会接受你的关心和爱护,并决定在什么时候、以什么方式运用你的爱。

(5)期待新的情况发生。你的话语中所流露的期待和兴趣会鼓励孩子抓住机会向你透露有关他自己的新情况。

(6)要克制自己,不要去指导孩子玩耍或“教”给他怎样玩得更好。孩子需要各种机会运用自己的判断能力,自由地体验人生。对孩子的游戏提出修改性建议会妨碍你全面地了解他的思维、行为和情感。只有当孩子所建议的游戏有明显的不安全因素时,你才应做适当的更改。

倾听会加深孩子对你的信任

定期用专门时间倾听孩子,孩子对你的信任感会越来越强。他会向你袒露内心世界,让你知道他对事物的看法和他的感觉。你可能会遇到以下这些情况(顺序可能不同),说明孩子与你在一起时的安全感正在增强:

(1)孩子试探你。孩子可能会专挑那种你觉得最无聊或最烦人的游戏让你和他一起玩,看看是否不论他做什么你都喜欢他,他可能要你学滑旱冰、玩电子游戏,或往厨房的水池里泼水(最好能找个善于倾听的人听你诉说为什么不喜欢孩子选中的游戏,以便放松自己的情绪)。当你能兴致勃勃地与孩子一起做他要玩的游戏时,孩子对你的信任感就会迅速增强。

(2)在你的关注下,孩子会探索新的活动天地。父母的关注会使孩子有安全感。孩子常会利用这种安全感来测试自己体力的极限。比如,在床上蹦高;沿着大街走,看自己到底能走多远;把他能拿到的东西扔到泥塘里去,甚至他自己也跳进去。他会利用你的许可去进行充分、全面地探索。

(3)孩子会把重要问题摆到你面前。游戏中,你毫不掩饰的愉快心情和宽松的态度迟早会促使孩子试着触及那些让他烦心的事。例如,如果孩子在医院挨了很疼的一针,在"专门时间"里你就可能看到孩子如何开心地给你狠狠打上几针;如果他在学校挨了老师的训斥,他就可能要"扮演老师",用老师训他的话和腔调来责骂你。此刻,他是在就一个重要问题与你交流,他已经热切地接受了你的倾听。

(4)孩子会给你提出各种问题。在"专门时间"里获得的安全感会促使孩子向你亮出各种问题,诸如他对权力、暴力、身体不适、看病、离别、饮食等偶然的恐惧等问题的看法和困惑。他将在你给予的"专门时间"里通过游戏、谈话和情感的迸发,释放他的紧张情绪。

(5)孩子会表现得越来越依赖于你。孩子会发现与你共享"专门时间"增强了他的安全感。你会注意到他的许多积极的变化。比如,对生活更加热爱,更怀有希望和激情,能与你交流思想、分享成功的喜悦。孩子自己也

会注意到这些变化，还会要求你更多地关心他、帮助他保持良好的自我感觉。一天内，他会频繁地争取你的关注，会毫无顾忌地向你显示对你的依赖，或暴露出自己从婴儿期就开始出现的莫名的恐惧，比如害怕黑暗。这看起来像是他“退步”到了行为举止更不成熟的地步似的，会使你很烦躁，但实际上这是一个进步。说明孩子已通过“专门时间”建立起对你的信任，敢于对你透露他一直在独自承受的困难处境，能向你求助解决这些重要的问题了。

(6)你以为孩子已经解决的问题可能会重新出现。当孩子想要对父母诉说自己的困难时，得到的反应常常不是话题被岔开，就是不被重视，或被责骂，或无人理睬。孩子最终只得放弃想得到帮助的打算，采取某些习惯的方式或重复某些行为使自己在困难处境中不会感觉太糟。当你们的关系(通过“专门时间”)得到改善，孩子有了较强的安全感时，他就会决定要取得你的帮助，要你倾听他。他将不仅仅在“专门时间”里要你听他诉说，而是只要一有烦心事，就会开始抱怨、发怒或哭泣。在他看来，你肯定能接受他，因为他再也不能隐藏自己的坏情绪了。

以“游戏式倾听”帮助孩子

做到全神贯注地倾听孩子讲话的一个关键是要以积极的方式做出反应。这与我们平常做的游戏有很大区别。“游戏式倾听”这种倾听方式是通过确保孩子在游戏中扮演强有力的角色来体现出你期望了解他的想法和感受的诚意。当你让自己扮演弱小无能的角色时，孩子就会感到有足够的自信向你表露他在重要问题上的想法和感受。作为倾听者，你要抓住时机，在玩耍中帮助孩子通过大笑来松弛某种特定情况所引起的紧张情绪。

让我们看下面的一个例子：

一个孩子想给父亲打针(孩子最近刚挨过一针)，他已经向父亲要求过了。假如父亲一反平日里矜持的常态，样子可笑地扭转身子佯装逃跑，或者滑稽地叫喊，戏剧性地对孩子说：“不！不要打针！求求你了！”那么孩子

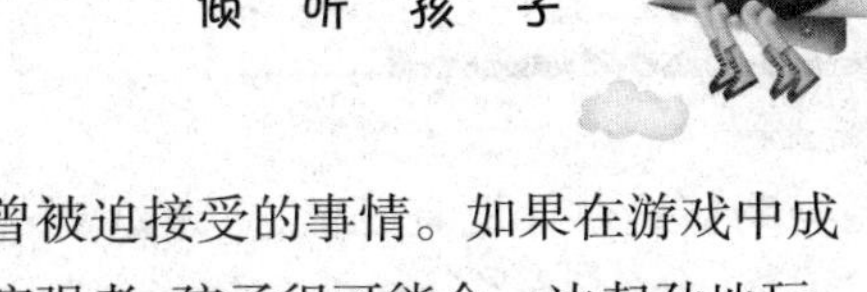

就会笑起来，坚持要父亲接受他自己曾被迫接受的事情。如果在游戏中成人能放松地扮演弱小角色，让孩子扮演强者，孩子很可能会一边起劲地玩，一边放声大笑。

这种有趣的角色颠倒会使孩子在游戏中持续主导孩子与父母的关系，决定是否袒露自己对某个问题的感受和理解。大笑能化解他与这个问题有关的紧张情绪。假如成人能坚持玩下去，孩子可以不停地笑上半个小时或更久。比如，游戏开始时是孩子要给父亲打针，而父亲佯装逃跑，引起孩子大笑，然后孩子可能会向父亲大叫，父亲则夸张地跳着脚表示害怕。最后游戏逐渐变成孩子向父亲扔枕头，每当父亲四肢挣扎着要爬起来时，就再次被打倒，从而引出孩子更多的欢笑。

开始做“游戏式倾听”时要注意是什么让孩子发笑，以便能做更多令他发笑的事。好的“游戏式倾听者”要扮演一个毫无威胁性的但又很有趣的弱者。他要保持把注意力放在孩子对游戏的反应上。比如，如果孩子要你追赶他，不要以为你该装成妖怪去追他（我们成人总想去改变孩子的游戏的全部内容，使之符合我们的意图）。假如孩子要玩追人，你就只管弄出点追人的声势，但不要让自己追上他。你可以让自己偶尔揪住他的后衣襟，或者抱住他，但最后总让他逃脱。假如孩子要你装成妖怪，那么你装的妖怪应该是迷迷糊糊、愚笨无能的，不应是强大的、可怕的。

如果孩子很小，成人就应扮作非常孤弱无力的角色，以引发孩子大笑。但是，一个正在长力气、长自信心的孩子，则往往在战胜较强的抵抗者或竞争者时才会开怀大笑。如果游戏中你太强大，孩子会由于恐惧而狂喊，因为恐惧使他怀疑你是否对他友善。如果孩子不是高兴地笑，而是吓得直叫，你就要放慢动作，适可而止，使孩子能重新兴奋起来。孩子需要有充分的安全感和自信心才能松弛他在有关问题上的紧张情绪。

父母有时会担心自己扮演无能的角色会失去孩子的尊重，这种担心是没有根据的。当然，孩子会因为有机会对你说明自己的问题并能以愉快的方式与你打斗一番而感到很兴奋，有可能要求安排更多的“游戏式倾听”的时间，大大超过你的“时间预算”。共享一段笑声不断的游戏时间后，孩子

会明显地对你更有感情,更亲近,不抱戒心。有时他会让更深层的感情自由地流露出来。一次欢快的游戏之后,一些小麻烦可能会引出孩子长时间的伤心哭泣。游戏和笑声已经让孩子对你们的关系有了完全的信心。他现在可以让你更多地了解自己内心的痛苦了。

对我们大多数人来说,投入地与孩子一起做游戏而又只能做输家不是件容易的事。一般地说,我们小时候,父母都工作得太辛苦,承受着太多的压力,不能以这种方式与我们玩。我们很少遇到能抛开自己的烦恼、玩的时候不一定非得占上风的成人。假如你感到"游戏式倾听"对你太困难,可以试着找个人谈谈你的困难所在。花些时间谈谈妨碍你做这种游戏的烦躁不安和忧虑,这样,即使你感到不舒服,也还是能继续做下去。

倾听孩子更深层的感受

父母和孩子双方都在寻求这样的友谊,它能够提供足够的安全感使我们在表达思想的同时也流露出感情。与我们关系最密切的人通常是这样的人:他们对我们的爱能使我们表达自己的感情,而不是相反。孩子是很容易表现自己的内心世界的:沮丧时会发脾气,害怕时会出汗和发抖,伤心时会大哭。能得到父母倾听的孩子在幼年会常常哭泣和发脾气,这些都属于消除紧张与困惑情绪的自然过程。孩子的恐惧和悲伤就好比他们身上多余的负担,会影响孩子的注意力。如果孩子能充分地袒露并甩掉它们,就能重新恢复他那有爱心的、自信的、与人合作的本性。

允许孩子表露情绪,直到他平静下来,对孩子是很有益的。

我们对待孩子的情绪流露的典型反应是:迅速采取措施,帮助他恢复平静。之所以这样是因为我们成人非常担心孩子会变得没理性,会有偏见地观察事物。然而我们做法的效果却是南辕北辙。事实是,当有人给予起码的关心、肯定和尊重时,孩子的情绪流露肯定会改善他的观察力和自信心。

当孩子开始哭或发脾气时,很重要的一点是父母要和蔼、持续地倾听,

亲切地留在孩子身边，温和地抚摸或搂住他，讲几句关心的话，但不要多。例如可以说，“再多告诉我一些”“我爱你”“发生这样的事我很难过”。假如你在此时说得太多，你就会在这种交流中凌驾于孩子之上，不能倾听孩子的话。假如你能听听孩子的想法，而不是企图“纠正”他，那么孩子会深深地感受到你的关心。孩子把自己的情绪通过发脾气或哭喊发泄出来后，会重新注意你和他周围的情况，而且一般说来，他会感到轻松和精神焕发。伴随着孩子的浅笑或暴风骤雨似的哭泣，常常预示着孩子正在重新调整自己的意识。

当孩子感到紧张或孤独时，他可能“制造”一个情况，以使父母不得不对他的行为给予限制。一旦父母定出合理的限制，孩子就会乘机哭闹、发脾气，从而消除他感受到的紧张。假如此时父母能给孩子几句使他安心的话并耐心倾听他，他就能摆脱恶劣的心境，变得情绪放松、明白事理，接受父母制定的限制。不过，如果孩子身上已积累了大量的不安、愤怒或不信任感，那么他就得经过若干场哭闹才能消除掉足够多的情绪积累，从而意识到父母是爱他的。

许多父母发现，倾听孩子哭泣或发脾气，而不是要求他“恢复正常”的做法，实际上要比试图控制并转移他的注意力或强迫他举止温文有礼更容易，也更有益处。孩子哭泣和发脾气的时候会感到自己的世界已经崩溃，此时你向他传递你的爱能达到最佳效果。当你留在他的身边，不提任何要求，他迟早会“修整”好自己的世界，而你对他的关怀会成为这个世界中充满活力的一部分。如果在他情绪最糟时你仍对他表示关切，他会深深地体会到你对他的爱。

定期地给孩子“专门时间”，意味着你开始尊重孩子的判断力，开始倾听他急于摆脱的紧张及其他感受。开始“倾听”几乎对于所有的父母都非常困难。我们现在学着要给予孩子们的这种关怀与“倾听”，即使我们大多数成人自己都不曾得到过。在这陌生的领域中，我们会感到不舒服。但是，孩子的反应就是我们的向导。每一次耐心地倾听他们的哭诉，每一次充满探索或笑声的“专门时间”，都会说明：我们寻求的与孩子之间的爱和

信任正在得到加强。

提示与思考

1.你经常与孩子一起游戏吗?你们的游戏方式与本章所建议的游戏方式是否有不同的地方?

2.有没有这样的时候——孩子喜欢做某种游戏,可你不想让他做?是否因为你认为该游戏有危险?你担心会出什么样的问题?

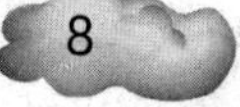

二、游戏中的倾听

在笑声中密切与孩子的关系

孩子爱笑,笑口常开的孩子往往朝气蓬勃,他们在游戏中让自己和伙伴们都得到快乐。如果成人和蔼可亲,允许孩子随意玩耍,孩子就会有安全感,觉得被人理解,就会发出欢笑声。让孩子欢笑对于我们父母也很重要。看着他们笑得前仰后合是父母的真正乐趣之一。如果我们经常做些简单的娱乐活动,如扮马让孩子骑、追人、捉迷藏等,生活常常会变得更有乐趣。

有一种特殊的游戏方式不但让孩子玩得开心,还可以帮助孩子解除踌躇不安、恐惧和烦恼等情绪。游戏以孩子为主,父母的作用是通过笑声培养孩子的自信心和开朗性格。游戏的要点是:亲昵、活泼地与孩子接触,保证不伤害孩子的自尊心。我把这种游戏叫做游戏中的倾听。

孩子会认为这是最奇妙的一种游戏。你的任务是:让孩子在游戏中占上风,让他开开心心地主导游戏,同时你要时时留心他的倡议及反应;在不改变他所选择的游戏的前提下,要想办法让他尽情地笑。在我们这个竞争性的社会里,游戏经常成为一场决定"谁更强"的比赛。在这种游戏里,成人要确保比赛进行得热烈活泼,而且每次都是孩子以自己的力量和智慧赢得比赛。尽管我们和孩子们在做日常的游戏时也是欢声不断,但这种特殊的游戏会使我们从中感受到轻松愉快,也能让孩子感到父母对他们毫无保留的爱。我们可以利用这种游戏密切与孩子的关系,帮助他们解决有关的问题,建立他们的自信心。

在游戏中扮演一个有趣的弱者

当你在游戏中让孩子扮演强者，自己扮演比较弱小无能的一方时，游戏中的倾听就开始了。你的孩子聪明机灵，你则傻乎乎的；你的孩子强壮有力，你则软弱无力；你的孩子举止灵活得体，你则行动笨拙；孩子勇敢，你却很害羞。宗旨是你要轻松愉快地扮演一个弱者，而不是要装出孩子气。你并不是要对任何人隐瞒你的实际能力，也不是要你放弃做父母的责任。你这样做只是试图减轻孩子在童年时期所遇到的苦恼，诸如人小力薄、不受尊重、不能自己决定如何安排生活等等。当孩子在游戏中看到他比你更强壮有力时，他快活的笑声会散发掉大量的紧张压抑情绪，你和孩子也会更加亲近。

例如，在公园里一个女孩可能让父亲推她荡秋千。这位父亲站在前面迎着她推，以便让女儿接受他滔滔不绝的夸赞。对父亲毫不吝啬的赞美，女儿的反应却是在他要推秋千时用脚把他蹬开。父亲此刻不像平时那样矜持，而是立刻做出惊讶和恐惧的样子。女儿开心地笑起来。于是，每次秋千荡到父亲跟前，她都蹬他一下，然后那个可怜的懵了头的父亲就尖叫着跳开："嗨！到底是怎么啦？我撞到什么了？"还傻乎乎地问女儿："你的脚碰到我的肚子了？"她只是笑，假装什么也不知道。他就说："我还是要推你荡秋千，还是喜欢你！"每次她荡过来，他都是满脸慈爱，而她每次都开心地笑着，用脚蹬开他，让他感到"害怕"和"迷惑不解"。

持续倾听，暴露出特定的问题

上边这个游戏把孩子放在主导的位置上，由她决定游戏怎样进行。那位父亲在游戏开始时所做的只是对孩子表现出比平时更多的慈爱，然后当孩子有所反应时，扮演较弱的一方。我们只能猜测孩子在欢笑时经历了什么心理变化。或许父亲给予的太多的爱使孩子感到尴尬，而欢笑使她的尴

尬得到化解。或许随着她的欢笑,原先那个严肃的、只知道工作的父亲在她内心造成的紧张情绪逐渐消失了。我们肯定知道的是,孩子在主导游戏时会迅速把游戏纳入自己的轨道。他们经常会让游戏朝着有利于自己宣泄某一特定紧张情绪的方向发展。

举例来说,在公园里玩荡秋千的孩子会开始朝着父亲大喊大叫,父亲则夸张地表现出很害怕的样子。于是她大笑着,一次次地吓唬父亲。然后,她跳下秋千,跑向父亲,以自己最大胆的动作把父亲推倒在地。看到父亲挣扎着要爬起,她快活地咯咯直笑。她大笑着用力把父亲一次次地推倒在地,动作和话语越来越大胆。没过一会儿,她已经在对父亲说:“假如你不照我说的去做,我就把你锁在门外!”她重复哥哥生她气时说过的话,连声调都一样。这样,她就提出了一个特定的问题:怎样对付哥哥的威胁。假如父亲此时的反应是可笑地抗议,用拳头敲着她说:“不许你那样干!”或者亲昵地拍着她的肚皮抗议说:“没门！我不会让你把我锁在屋里!”她会痛快地大笑起来。她正在重新演练力之较量。以前她曾输过很多次,而现在她在这场游戏中做强者的体验使她获得了自信心。

笑声能解除孩子的紧张情绪

游戏中倾听的效力取决于孩子的笑。孩子的困窘、畏惧与胆怯会随着笑声消失。一场充满笑声的游戏会给孩子以希望,在孩子和成人之间创造出相互亲近与理解的气氛。只要成人愿意,孩子可以连续一小时或更久地大笑和琢磨问题。孩子一般性的或特定的紧张情绪都会在游戏中受到触及并通过笑声散发掉。你不总是很清楚孩子在游戏中清理了哪些情绪,但随后会看到孩子的积极变化。

例如,我认识的一个六岁孩子曾经极不愿意学习读写字母表。他似乎一点不肯做学前准备,觉得自己因为写得比别人差而被迫多练习写字母真是倒霉极了。一次他参加了一个游戏组,组里有几个成人乐于按孩子的需求做游戏中的倾听。游戏中他可以随意大喊大叫、追人、跳到成人身上、压

倒他们。当成人们试图扳倒他时，他使劲地大笑。这种游戏要求速度和活力。他常给人以出其不意的袭击、大胆的脱逃，表现出极大的创造性。

经过长时间、不间断的、大量的扭打和大笑，他松弛了下来。喘口气，喝口水，然后他要求他的成人伙伴走到黑板跟前看他（无须督促地）精神集中地学习字母表。几次游戏过后，他的注意力比以前持久，也更有耐心改正自己的错误了。我们不清楚他在游戏中解决了什么问题，而他必定是知道如何让游戏帮助自己克服恐惧，运用重新获得的自信去应付重要的挑战。

孩子们渴求游戏中倾听

一旦看到孩子们是如何欢喜雀跃地做游戏中的倾听，你会开始意识到他们对成人关注的渴求。他们会立即利用游戏让自己在这个庞大、快节奏的世界中作为弱小人物而积累起来的紧张、压抑随着欢笑宣泄掉。他们喜爱那些愿意和他们一同玩耍、听他们指挥、逗他们笑的成人。

游戏中倾听的第一步是要发现什么样的事能让你的孩子发笑，多做几次这样的事。也许，你可以仿照那个推孩子荡秋千的父亲那样去做，捕捉孩子的情绪或暗示，想法扮演一个可爱的“傻瓜”。例如，玩捉迷藏找人的时候，别找得太快，而是慢慢地大声喧哗地到处转，到了孩子藏身的近处，最后摸到孩子的脚，还装着没看见他。或许孩子要玩棋盘游戏，那么，当你的骰子掷得很不如意时，你可以哼哼唧唧地扯孩子的胳臂，求他让你再掷一次。游戏中你要做的事不大会在户外进行，所以，你可以放心地做那些“有失身份”的事，孩子会很喜欢你的笨拙和乞求。

做游戏中倾听的机会是很多的。孩子的笑声就意味着机会的到来。一天，我所在的日托中心的一位保育员和那些刚学走路的幼儿一起快活地唱歌。她起身穿过房间去开窗时不小心被褶皱的地毯绊了一下。她听到背后有咯咯的笑声，意识到幼儿们对于走路和奔跑很感兴趣。她转过身，作出生气的样子，低声说：“谁在笑我？我能走好！你们瞧着！”小孩子们兴

奋地望着她走过房间,看到她又绊了一下。这一次笑声更多了。“哦,天哪!好吧,看来我还得再试一次。我开步走啦。”她夸张地迈着优雅的步伐,又被绊了很多次,引出一阵阵的笑声。最后,几个孩子开始在房间里跑起来,跌倒了还咯咯地笑,自得其乐。原来,不光是他们自己走不好!他们十分快活和轻松。

游戏中倾听的基本原则

在尝试中,你会逐渐摸索出一些方法,使自己能自如地运用游戏中的倾听。这里是几条基本原则,会帮助你在游戏中不必手舞足蹈便能引出孩子的笑声。

(1)要有身体接触、充满爱心。感受到他人对自己的爱最能让孩子有安全感。我们与孩子的接触大多是轻柔的和日常的:给他们梳头、系扣子,告别时亲他们的脸颊。当一位亲切的父亲或母亲充满爱意地追逐孩子时,孩子常常会笑声连连。用鼻子蹭孩子的身体,热烈的拥抱,一起在地板上打滚、摔跤等等都会让孩子很开心。不过,这里要提一下孩子的安全感问题。如果成人在这种有身体接触的游戏中能时刻注意到孩子的意愿,孩子就有安全感。孩子喜欢一遍一遍地重复逃跑——被捉——被搂抱这样一个过程,但条件是成人必须很随和,游戏中不要求孩子显示对自己的爱和认可。一旦游戏变成认真的竞争,看谁能左右孩子的行为,孩子就不再感到安全,游戏也不再有任何意义。

(2)一定不要压过或超过孩子。你的目的是让孩子在游戏中始终快乐和有优胜感。他那得意的样子多可爱!要恰到好处地把握挑战与成功的分寸,成人必须时刻保持警醒,密切注意孩子的反应。如果你在游戏中表现得太强了,孩子的笑声听起来会是疯狂的或尖利的,要尽量避免把孩子推到惶恐的边缘。有些孩子自信心不足,某些微小的情况,如靠得太近、动作太猛,都会令他们不安,止住他们的笑声。当你注意到他们惶恐的迹象时,要立即调整自己的表现,动作慢些、笨拙些,以使孩子感到安全。好的

倾听者不应是咄咄逼人的，应当让孩子知道你对他很感兴趣，并且在他展现问题的过程中会始终全神贯注。。特别要注意的是，不要胳肢孩子。胳肢既不表示慈爱，对孩子也无益。被胳肢的孩子完全处于被动状态，会使孩子极度不安，因为不停地笑使他无法告诉对方停止胳肢。许多在小时候被无情地胳肢过的人在成年后会发现，只要有人靠近，自己就会很紧张。所以我们千万不要胳肢孩子，即使那样能让孩子发笑。

(3)掌握好游戏的强度。与很小的孩子一起游戏，你要扮演一个很无能的角色来引孩子发笑。当孩子碰到你的肩膀时，你要呻吟着倒下去，以引出孩子的笑声。随着孩子的力量与自信心的增长，他们需要更强的抵抗和对手使他们发笑。自信、强壮有力的孩子只有在打败一个气势汹汹的对手时才会痛快地大笑。他们愿意经受考验，但仍然需要证实，和你在一起他们不会输。不论是男孩还是女孩，他们都喜欢激烈的、连滚带爬式的游戏，除非他们已经变得胆小怯懦。边玩边笑，孩子会逐渐建立起勇气和信心。你会看到，如果你总让孩子占上风，15或20分钟之后，他会比先前勇敢灵活许多。你在游戏中的角色要随着孩子需要的改变而改变。你要尽量地微调你对游戏中孩子的倾听和关注，从而使他不断受到挑战，激发他的兴趣，让他释放出笑声。

(4)不要让自己的问题混入游戏中。由于我们自己在孩童时期未能达到的愿望，往往会让游戏转向孩子提议之外的内容。也许你的孩子要玩追人，你们玩得很愉快，伴着阵阵笑声。比如：每次你刚要抓住他，他都逃脱掉了，还在一旁开心地笑着。然后，鬼使神差地，你开口说："我是绿湖里的妖怪""哇！"当你舔着嘴唇，可怕地吼叫着，重重地踏着步子、喘着粗气穿过房间时，你更加得意自己的表演了。过了一会儿，你注意到孩子正从一个角落盯着你，他的表情严肃、惊恐。糟糕！装妖怪是你的主意，已经让孩子感到不安了，赶快回到孩子要玩的追人游戏吧。在游戏中，服从孩子的"领导"并不容易。我们有自己的喜好，所以，孩子要玩的游戏有时会让我们感到为难。其实，有时候孩子们会以他们的、不可思议的聪敏选择那些他们明知父母不喜欢的游戏。我想这是他们以自己的方式要我们开阔眼界。

例如，我的儿子们一度偏爱这样一种游戏：让我躺在地毯上，他们则高高地站在沙发靠背上。每次一个，他们轮番地从上面往下跳，摆出要着陆在我那可怜的肚子上的架势。但在最后的一瞬间，他们会分开双脚落到地板上。每次我都一边哆嗦着一边笑着大声说："不知自己这一次是否能侥幸活下来。"他们这样跳过几百次，从未弄伤过我。我想他们是在锻炼我的勇气，也相信我不会拒绝他们。如果孩子选中的游戏使你感到为难，而游戏并没有危险性，你只要戏剧性地夸张你的不安，孩子的笑声就会连成串。比如，你这样说："等等！你要从沙发背上跳下来吗！可千万别跳！你是妈唯一的女儿！地板上的垫子要是不顶用可怎么办？我的宝贝女儿！会伤了你的漂亮膝盖！你的可爱的前额！你真的一定要往下跳吗？"假如你能滑稽地表现出你的担心，你和孩子都会大笑着面对挑战。

(5)当需要告诉孩子某种事不能做(情况尚不危险)时，请试着通过游戏倾听的方式告诉他们。孩子会故意忽视你的要求，可能是因为紧张，也可能是因为感到与别人格格不入。游戏中倾听常常可以化解他的紧张情绪，使他感受到亲情，确信自己是家庭的一员，是父母所心爱的。说"不"的时候可以用很多种不同的愉快、温和的声调。问题在于，我们很少有人听到过这样的声调，我们无法设想说一个"不"字时不带威胁和严厉的口吻。请试试不同的声调、措辞，把成人式的严肃的"不"改用夸张的口吻说出来，看看你能否发现自己在这方面的才能。我喜欢用关切的、有些夸张的口吻说："喔！你可要有麻烦了！"或者，高声地、热烈地抗议："啊呀！你怎么这么干！"你可以慢跑着追逐那个"犯规者"，最后搂住他，热烈地拥抱他。随着一声诙谐的"不"，亲情与愉快的接触往往随之而来，带来笑声，释放出孩子的紧张情绪。用愉快的声调说出的"不"，会缓和孩子犯规时的紧张情绪，并传递出"我还是爱你"这一信息。当然，对于犯了规的孩子这并不是唯一恰当的反应，但这种反应可以加深你们彼此的关系和理解，可以使孩子放心地一遍遍地向你显示他想做什么犯规的事，让紧张情绪随着笑声而消散。比如，孩子在不适当的时间要拿冰淇淋吃。在他刚打开冰箱时，你猛扑过去，把他抱在怀里，笑着跑到隔壁房间里去。他笑着挣脱着跑回到

冰箱那里。在他刚打开冰箱,你就又一下子抓住他。一次又一次地,他都是笑着让你知道他多想吃冰淇淋。可你给他的却是感情和拥抱。这样多次重复之后,孩子往往会抱住你大哭,因为他再不要做这样的游戏了,他只想吃冰淇淋。这样的大哭会释放出那种使他一味地要做你禁止他做的事的紧张情绪。然后他就能够意识到除了冰淇淋还有别的有趣的事情可做,因为眼泪和大笑已经恢复了他正常的判断力。用游戏中倾听的方式说“不”,可以把给孩子立规矩的事做得饶有趣味。如果你能够保持幽默与机敏,创造性地解决问题的可能性就更大。

(6)要活泼,不要顾及你的“尊严”。孩子会把成人的积极热情视为对自己的肯定。游戏中,孩子最终总会要求成人完全地投入。也许你得四肢着地(最好戴上护膝)爬着追赶两岁的孩子;也许你会被十岁的孩子追下楼梯:当你五岁的孩子从门背后跳出来吓唬你时,你得尖叫着逃出屋去。你玩得越投入,孩子就会越自然、放松,在笑声中增强自信。

用游戏中倾听处理明显的紧张情绪

如果你看出孩子染上了某种重复出现的落落寡合的行为,可以运用游戏中倾听的方式消除致使他如此的那种情绪。孩子们常常在我们面前重复某种行为,如吮手指、哼哼唧唧,指望我们的帮助。他们本来很有创造性,但此时却“绕”进了一条“窄胡同”,不知道怎么走出来。当你热情、愉快地接近孩子时,孩子会利用你的关注,在笑声中恢复与你的交流,恢复勃勃的生气。

对于一个吮着手指发呆的孩子,一个小小的游戏中倾听会给他足够的温暖和亲近,使他摆脱不良情绪。要快乐地拥抱他,轻轻地咬他的头发和耳朵,或者使劲地亲他的小肚皮。只要你坚持做下去,他就会停止吮手指。假如他有悲哀情绪,你给他的关切会使他哭,而不是笑。但不管他是哭还是笑,你不可动摇的亲情会帮助他摆脱使他落落寡合的不良情绪。

一个哼哼唧唧的孩子也会被引得哭或笑起来,只要你以嬉戏的方式给

他以亲近的温暖。我们有时忍不住去模仿哼哼唧唧的孩子——也对他哼哼唧唧或取笑他,这是无助于事的。当你的孩子可怜地哼唧着说:“我要饼干。”你可以完全绕开他的要求,直接解决他感到被冷落的问题。你可以欣喜地看着他说:“那我要咬你的耳朵!”接着就快活地从他的胳膊一直亲到耳朵。或者快活地把他举起来,抱着他一边踱过房间,一边唱:“我们要一块饼干!我们要一块饼干!”以你的滑稽样子诱孩子发笑。

上面两个例子中,说明你面前的孩子正感到不痛快,更重要的是,感到与你疏远了(即使在很多成人的关注之中孩子也可能有这种感觉)。你带着亲情和轻松愉快闯入他的世界,寻求咯咯的笑声,以开始重建她对你的亲密和归属感。你闯入的时候说的和做的不一定要有太多的意义,起主要作用的是你的亲情和快活的气氛。比起传统的反应,如,“我要你马上停止这种行为”,这样对待困窘中的孩子更有趣,更保护自尊心。同时,有幽默感的反应也使我们避免跟孩子一起陷入不快活的心境。当我们作出热情的反应时,是要寻回自己所了解和热爱的那个孩子。我们常常能找回他,并一起度过一段快乐时光。

当你试着在游戏中倾听时,可以试着想办法帮助孩子去除其特有的恐惧。如果你发现他不敢学游泳,你就靠近他,给他一个鼓励的眼神,把脚尖探进泳池边的水里,然后害怕地一声大叫,把脚扬起老高。这时他也许会用力把你的脚推回水里,当你挣扎着尖叫时,他就会笑起来。如果你把他介绍给一位陌生人时,他躲在你的裙子后边,你可以弯下腰用裙子裹住他,引以为豪地介绍说:“这是吕贝卡,就在这里边的什么地方。”当你用手摸索着做出在找他的样子,他就会笑起来。你和孩子能找到许多巧妙的办法帮他用笑声驱除恐惧。这些游戏还可以为你平淡的日常生活增添乐趣。

几乎所有的孩子都会害怕挨骂。若有人用了某个脏词骂了一个孩子,这件事就会像鞋里的一粒小石子一样不断地烦扰他。他不理解那些词,为什么他要挨骂?那些词是什么意思?他解决这个问题的办法是以同样的方式攻击别人,结果是常与家人产生摩擦。你可以用游戏中倾听来帮助他。

如果他骂姐姐"傻瓜蛋",你可以稍有夸张地快步跑进房间,亲热、动情地轻捶着他的胸脯说:"喔!我听见你说了个可怕的词!这样说你的姐姐实在太糟了!"你的声音要高而飘,这样他就知道你根本没有生气。如果他想解决骂人的问题,他就会说"你也是个傻瓜蛋"类似这样的话。于是你可以跳着脚大喊:"我不是傻瓜蛋!哈,我要抓住你!"接着逼近他,假装要捶他,然后给他一个热烈的拥抱。你给他的亲热和拥抱让他感到很安全,在笑声中排除掉因遭人攻击而产生的紧张情绪。他当时多半由于猝不及防而未来得及为自己辩解。你那夸张的表演引得他大笑,笑声减弱了他因受到攻击而要攻击别人的冲动。笑声还会使他不那么在意别人的攻击。

扮演一个受了攻击而仍然满怀深情的角色,也会有效地削弱其他儿童的攻击性。只要你乐于寻求他的笑声,一个孩子是不可能持久保持要伤害他人的冲动的。

游戏中倾听导致深藏情绪的宣泄

快活地大笑之后,孩子会感到父母对自己的爱,感到安全。此时,他会主动地用某种方式袒露自己内心深处的郁结。他通常会因为一桩小事变得不安、忧郁或沮丧。例如,他可能坚持要穿一件还在洗衣机里的红毛衣,或者想要一支带有他认定的那种橡皮擦头的铅笔。此刻,他觉得可以放心地让你知道这些烦恼,这些烦恼使他很不满意自己的生活。要穿红毛衣或要指定的橡皮擦头只是一条导火索,它即刻会引爆一只集满了长久积压不散的混乱情绪的小炸药桶。

如果此时你能关心地靠近孩子,但并不试图用话语去安抚或劝解他,他就会抓住这个机会大发雷霆或大哭一场。这时要求父母有极高的耐力。所有这些似乎都是由于一些微不足道的小事引起的!不过要知道,这种发作可能是好事。发作之后他就卸掉了一个沉重的负担,他会感到轻松、振作,与你更亲近。痛快地哭一场能释放出那些曾使孩子害怕并僵化地对待生活的挑战的消极情绪。游戏中倾听并不总能触及深藏的不安情绪。但

是请记住，当深藏的情绪被触及时，是你做的游戏中的倾听以幽默与笑声启动了治愈孩子创伤的疗程。

合理的行为限制

孩子在游戏中以笑声解除了某些轻度恐惧之后，他们有时会寻求帮助以驱除比较严重的恐惧。一个孩子在与你边扭打边笑之中要寻求此类帮助时，可能会故意用肘尖顶你的肋部，或做个鬼脸掐你的胳膊。此刻，孩子已处于精神紧张状态，会突然伤害你或毁坏东西。这时就应该给他规定合理的行为限制。要用认真的语气让他知道你不允许他伤害你或打破东西。"谢尔维亚，我不允许你抓我。""喔！泰德！我不许你用脚踹窗户。"你需要同时采取行动制止孩子的过分行为，这样你不必提高声调也能有效地制止他。你得避开他要抓挠你的手，得把他踹窗的脚拿开。

当一个孩子的行为超出正常范围时，我们往往指望他能听我们的话，服从我们。可他几乎永远会令我们失望，他没法做到。他当时根本不在思考问题。他正在向我们显示他的烦恼，希望得到帮助。他渴求帮助，所以不停地要掐人或踢窗户，表示他心情有多糟。如果你告诉他什么是不能做的，然后温和而坚定地采取行动执行你的决定，他常常会让深藏的烦恼浮上来，随着笑声、眼泪、浑身冒汗的挣扎而消散。

让我们举一对父子的例子，他们已经在一起笑着扭打了好一会儿了。突然，儿子狠狠地踢了父亲一下。父亲用友好平和的语气说："哇！太过分了！我可不想再挨踢！但儿子又要踢，父亲及时地握住了他的脚。儿子边挣扎边大笑。父亲终于放开了儿子的脚，两人又笑着扭打起来。过了一会儿，儿子的脸阴沉起来，又要踢父亲，父亲只好把儿子的脚夹在自己腿中间。这时儿子的情绪更坏了，更加坚定地要伤害父亲。某种对父亲的恼怒和疏远情绪涌了上来。他再也笑不出来，内心充满了怒火。此时，父亲依然与儿子靠得很近，小心保护着自己而又保持态度温和。儿子又几次挣扎着要踢他，可是父亲没有放开他的脚。如果他放开了，他肯定要被踢伤。

父亲说:“我不能让你伤害我。我一放开,你就会使劲踢我。所以我这会儿最好不放开你的脚。我不会弄伤你的,孩子。”如果父亲此时依然慈爱地对待发怒的儿子,儿子会开始大哭起来,发抖和出汗。他会感受到他所需要的安全,从而能够清理那些令他感到羞耻和痛苦的烦恼。

关于如何处理孩子内心深处恐惧的问题还可以讲很多。如果在游戏中间,你的孩子有要伤害人的行为,阅读下面的章节会有所启发。应注意的是游戏中倾听可能导致孩子以伤害性的行为寻求帮助。情况发生时,你得限制孩子的行为。然后你或者选择和孩子在一起,协助他处理比较严重的烦恼;或者马上停止游戏中倾听,做些别的事,如吃茶点,用蜡笔作画。如果你觉得自己没有做好思想准备处理孩子的问题,可暂时不去理睬孩子的求助,你要记住孩子不会放弃求助,他们会一再地寻求帮助以解除烦恼。

挑战与回报

游戏中倾听对于我们自己也有益处。无穷的忧虑和烦恼通常使我们成人感到生活的苦涩。游戏中我们必须训练自己变得活泼一些,滑稽幽默一些,这就可以让我们避免陷入痛苦不能自拔。儿童很善于通过笑声来排除自己的烦恼。如果你能向孩子学习,你就得到了一位乐意帮你重温欢笑和嬉戏的大师。

倾听获得伙伴关系和父母互助组的帮助,大多数父母都能比较容易地学会这种以及其他倾听的技巧。如果我们能与其他做父母的人们保持联系并共同致力于改善与子女的关系,履行做父母的职责就可能不再意味着无奈的忍受,而是一如我们所希望的那样,硕果累累。

提示与思考

1. 如果本章中提到的那位父亲在游戏倾听中忍不住对儿子发火,结果会怎么样?

2. 如果你和孩子做游戏倾听,让你感到最为难的会是什么?为什么?

三、孩子哭泣的时候

孩子开始哭泣

通过多年来倾听众多父母的诉说,我了解到一个简单的事实:父母们希望孩子享受美好的生活。我们希望自己的孩子快活,得到爱、尊重和理解。我们还希望自己不重复父母教育我们时曾犯过的错误。然而,对于大多数人,达到这些目标的难度远远超过我们的想象。我们发现,关爱和抚育孩子对于最努力的成人也是个富于挑战性的复杂工作。我们要应付太多的事情,时间总是不够,孩子们总是不停地喊:“爸,快来和我玩!”或“妈,快来看看这个!”而我们自己几乎是无动于衷的。

毫不奇怪,当孩子开始哭时,我们会心烦。在我们看来,孩子的哭声意味着我们做父母的无能。经常有这样的情形:这天我们在相当好的心情中忙忙碌碌地照料孩子,处理自己的事,考虑有待安排的事。一个孩子要吃饼干,可发现饼干盒是空的,就哭起来了。我们立刻失去了好心情,感到恼火、不安、厌倦和愤怒。我们想止住他的哭声,于是尽力地哄他,对他说饭前吃饼干是不对的,试图说服他同意吃点别的东西代替饼干。如果他还是哭,就责备他说为这么点小事哭可真傻。我们以为只要止住孩子的哭声麻烦就会过去了。

但是,只要我们仔细观察就会注意到,情况并非如此。孩子可能会安静下来,但仍然不高兴。他会低垂着头不看任何人,或朝他喜欢的人发脾气。一些引起他不快的小事,比如摔坏了一辆玩具车,撕坏了一份家庭作业,都会导致他长时间情绪低落。他好像再也打不起精神来,也不再信任别人。他对一切都不满意,父母也为此感到气恼,整个家庭生活受到影响。

在孩子开始哭时，也许我们换一种做法可以做到直接调整孩子情绪的作用。只要我们留在孩子身边倾听他，不打断他的哭泣，他的烦恼会随着哭泣逐渐消散，哭泣也会随之停止。原因是：哭泣能愈合创伤。由于你给孩子机会自己排除受到的伤害，之后他会变得更坚强和自信。倾听是一种有效的手段，可以通过它把孩子的烦恼转化为他们获得自信的机会。倾听要求你与孩子合作。他努力消除自己的坏情绪的时候，你要留在他身边，提供他所需的支持，使他在整个过程结束时，重新充满信心和希望。所以，当孩子开始哭时，我们应当停下手边的事去倾听他，以便有助于愈合孩子受到伤害的感情。

哭泣是自然的康复过程

要理解孩子对哭的需要，可以设想他们站在一条窄窄的平衡木上。在平衡木上，快乐情绪使他们善学，乐于接受我们的建议或帮助。由于感到安全和受到关怀，他们能不断地尝试，一次不成就再来一次。（还记得孩子在初学走步时摔了多少次吗？）但是，他们这种宝贵的自信心和对他人的信任也很容易受干扰。努力频频失败，或周围的人显得漠不关心或态度消极，都可能伤害他们的感情，使他们从感觉良好和安全的平衡木上摔下来。脱离了“正常轨道”，他们无法找到能支持自己继续尝试的信心，感到伤心，就开始哭起来。

在此刻，采取走近孩子并倾听他们哭泣的做法，是基于这样的理念：哭泣是愈合感情创伤的必要过程。孩子哭是为了排除所受的伤害。有你在他身边，他会感到在自己最困难的时候得到了支持和关心。他会认为：正当一切都乱作一团时，是你来到他的身边，与他共度难关。一旦通过哭泣排除了烦恼、他就又可以精神焕发地面对生活。他重新充满信心、希望和智慧。所以，倾听哭泣的孩子，能使他正视所面对的困境，并从所受的伤害中得以恢复。

小事情会引发大的情绪波动

大哭不止，直到不快情绪消失——这种康复过程会很自然地发生在孩子身上。每当他们感受不到爱或丧失信心时，就会启动这个过程。当孩子为要独自挨过半小时感到烦恼时，就会把不快投射到一件小事上。例如，姐姐整个下午都不肯和他玩。他跑来向你要片面包。你给了他，他却哭起来。因为你把面包切成了三角形，而他要的是长方形！你只要蹲下来，用胳膊搂着他，关注地听他，他会哭好久。面包不是长方形的对于他来说真的太糟了：姐姐整个下午都对他说"走开！别泡在我这儿！"已经够他受的了。面包片形状的不如意成了最后压垮他的那根稻草。他并非是矫情或任性，所有的孩子(不仅仅是婴幼儿)都会在处于困境时以这种方式求助。我们成人也大同小异。常有类似这样的情形：当我们感到非常孤独时，并不会当即哭起来。可当门槛碰疼了我们的脚趾或厕所冒了水，我们会开始大哭。这类小事能引出大的情绪波动。

这些惹孩子哭的小事会让你非常恼火，除非你能意识到这些小事的背后可能有大文章。有时，孩子在为了一些看似鸡毛蒜皮的小事大哭一场之后，能够告诉你他大哭的真正原因："妈，刚才你不在家的时候我看了一个电视剧，剧里的那个妈妈生病死了。"或者，"爸，我要你像爱瑞琪儿一样爱我！"有时候，孩子可能哭完就跑出去玩，什么也不说。我们苦苦地想要知道孩子究竟为何如此伤心，但孩子有时候说不出自己的感觉。好在我们能做到倾听他们。有我们在他们身边，他们就能完成康复过程，尽管我们对其内容不很清楚。

欢乐会把以往积存的不快带出来

孩子们经常选择在家庭中欢乐融洽的时刻表露他们不快的情绪，使履行父母职责看来更像是对性格的考验。我把这称作"被糟蹋的郊游"现象。

比如，你和孩子们也许是一整天都在公园里(或是和孩子们的表兄弟姐妹们一起)做游戏和做他们自己喜欢做的事，一直都很快活。当你们动身回家时，孩子们却变得不高兴、容易生气。他们哭叫，只是为了必须坐在车子的后排座，为了你要求他们各自拿好自己的外衣，或为了你带他们去麦当劳吃汉堡包，而他们想去肯德基。在这样的时刻，做父母的心情一定不会痛快，会说："你们这么闹，我以后再不带你们去公园了！"

实际上，孩子们是在利用这天从父母身上重新感受到的安全感和亲近感。这一天的满足衬托出往日里感到的缺憾，就像是一块白桌布上的污点。度过了如此快活的一天，现在他要致力于解决往日里积存下的不快。对于孩子来说，这是一个很好的发泄积郁的机会。不过，如果你对此没有思想准备，这个"被糟蹋的郊游"会是令人沮丧甚至恼火的。一旦你明白它准会发生，你可以让自己做好准备，待孩子哭时好好倾听，直到他平静下来。比如，你可以在自己尚未筋疲力尽时就动身回家，因为你知道路上可能要处理某些会有积极的结局的"麻烦"。

倾听者须知

当孩子哭起来，你准备倾听他时，最起码应当做到以下几点：

(1)检查孩子与环境安全。先检查孩子身体方面是否受到损伤，或环境是否有危险。如有，要立即采取相应措施。比如，把夹住孩子手指的玩具松脱开，扶起压住孩子腿的自行车，拦住被惹恼了的可能要动手打他的兄弟姐妹或游戏伙伴。做这些事时，尽可能保持平静。

(2)不要流露出不安，也不要给予忠告。既然你来到孩子的身边准备倾听他，孩子就会寻求你的帮助。你的忠告，或明显的不安，只会妨碍他理解所发生的事。例如，如果孩子哭是因为奔跑时摔倒了，你只需搂着他，听他哭。你可能很想责备他的不小心或想告诫他要当心有水的路面，不要这么做。孩子哭的时候，他的注意力完全集中在自己的感受和你的存在上，对四周事物全不在意。他已把注意力收拢在康复过程的进行上，否则就无

法完成该过程。不要对他说什么他要是小心些就不会摔倒之类的话,因为那会分散他的注意力。他哭的时候,听不进你的忠告,你的任何责怪也只会加深他受到的伤害。孩子哭够之后,重新感到安全和自信,会急切地想知道刚才到底是怎么回事,所以你只需点到为止。说句"瞧见你刚才摔倒的地方了?那儿有水"就足够了。畅快的哭泣已经荡去孩子由于意外的摔倒所感到的紧张与困惑,他现在能自信地回答:"噢,我是在有水的地上滑倒的。爸,下次在有水的地方我会跑慢一点。放心吧!"

(3)靠近孩子,轻轻地搂住他,让你们的目光相接。抚摸和爱抚的目光是我们能给孩子的最有力的支持。搂住孩子并注意相互位置,让他在愿意时能望到你的眼睛。不要让他趴在你的肩头上哭,或一直把头埋在你的膝头上。要温和地鼓励他抬头望着你,感受你对他的爱。如果他能注意到你充满爱抚的目光,就可能哭得更厉害。不过也许他根本就不望着你,那也没关系。他的注意力是在自己的坏情绪上,他还没有把它们清理完。足够的哭泣和你的耐心倾听终会使他放松下来,恢复与你的全面接触。孩子哭的时候,情绪会随之放松。他在宣泄悲伤的过程中,能敏锐地感受到你的反应。温柔的触摸、轻抚他的面颊、把他搂在怀里轻摇、不时地轻吻他的小手,都会把你的关切直接送入他的心田。言语几乎是多余的。孩子对你的感情可能没有什么对应的表示,但只要你看到孩子越来越放松,就知道他已经接受了你给予的每一份爱。

(4)和蔼地请孩子把烦恼告诉你。放声大哭的孩子总不是无缘无故地感到委屈的。委屈越深,孩子越不容易开口谈。你要对他说你想了解他的烦恼,然后,就耐心地听他说。有时候,你说完以后,孩子只是大哭不止,好久也说不出一个字来。不过,你仍然能凭借他的表情、哭泣的声调、他看你时的眼神(或紧闭双眼)等等大致推断出他的烦恼所在。所以,你要保持对他敏锐的观察,不论他能开口谈自己的烦恼与否。我认识的孩子当中,有一个叫艾美的两岁女孩最怕爸爸或妈妈出差。一次,艾美的爸爸出差去了,妈妈送她去托儿所时她特别焦躁不安。晚上接她时,老师说她几乎一整天都不高兴,不爱说话、爱发脾气。晚上回到家,艾美对妈妈做的每一件

事都不满意。妈妈走到她身边,搂住她,说:"来,说说看是什么让你这么不高兴啊?"艾美在妈妈的怀里尖声哭叫了很久。她什么也没说,但很明显,她正感受着极大的不安。妈妈猜她是想念爸爸,就不时地安慰她说爸爸很快就会回来。后来,艾美停住了哭声,但并未平静下来。妈妈就问她:"艾美,什么事让你这么担心?"一直没开口的艾美这时瞧着妈妈有板有眼地说:"咱们送给奶奶的那只猫咪也有妈妈,可它的妈妈就没回来!"两星期前,他们在一只垃圾箱里拣到一只猫咪,把它送到奶奶那儿去了。现在总算明白了为什么爸爸不在家会引起她这么严重的不安——因为她在想着:"猫咪的遭遇会不会也发生在我身上?"于是,妈妈这时对艾美解释说,父母和孩子总是亲密地生活在一起,而老猫和小猫是不同的。艾美信服了,合上了眼,一觉睡了14个小时。第二天,她的心情好多了。艾美先是宣泄悲伤,然后,在她能够消化那些必要的信息之后,再谈谈那些让她悲伤的事。哭在前,谈在后,然后是新的认知——这就是一般的规律。

(5)如果你发现孩子害怕某个特定的事物,向他保证你一定会保护他,不让他受到伤害。当孩子感到非常恐惧时,你的保证可以提醒他注意"现实是安全的"这一事实。例如,对孩子说:"妈妈买好东西就会回来,她一定会回到你身边的。""你的膝盖很快就会好的,不用多久你就不觉得疼了。"等等。不要期待你这些话会止住孩子哭泣。但孩子在通过宣泄重新获得安全感的过程中,的确需要听到你的安抚式的保证。

(6)不要对孩子的情绪作评论。这一点太难做到了!我们太习惯于从自己的角度看问题。如果我们自己有好心情,别人也该如此。但孩子们的情绪有自己的"阴晴雨雪气象系统",为我们成人经常注意不到的因素所左右。在孩子伤心时对他说"你该感到高兴才对",无异于对一场暴风雪说"快走开"。最好对孩子说:"你这样伤心我很难过,"或"你不好受,我就在这儿陪着你",这样就给孩子机会去正视和处理他的坏情绪。而类似"别觉得委屈,是你自己先动手的!"或"不就是撕坏了一份作业嘛,别像个爱哭的小宝贝似的没完没了!"这样的话只会羞辱孩子。你本想帮助孩子摆脱烦恼,可你这样说只会适得其反。倾听孩子,既不意味着你认可他的情绪,也

不意味着你纵容他。你只是在帮助他摆脱不良情绪。孩子只在烦恼得不能正常思考时才会哭闹。烦恼和不安能压垮孩子,驱使他做出非理智的事来,所以孩子才力图把这些不良情绪“哭掉”。他恨自己行为“出轨”,失去自控。你的倾听可以逐渐减弱不良情绪对孩子的控制。一旦完成整个倾听过程,孩子自己的良好判断力就会得到恢复。孩子哭闹时,你会听到他抱怨你或其他与自己的生活有重要关系的人。比如,“你不爱我,从来就不爱我!”“我希望你不是我妈妈!”“我恨你,爸!别人的爸爸都比你好!”“我恨哥哥,他坏透了,我再也不要见到他了。这些都是孩子在宣泄烦恼时会说的。孩子在试图“哭掉”烦恼,恢复好心情时,正如我的一位朋友所说,需要“口无遮拦式的自由”。如果他能哭出来并对你说出自己最糟的感觉,他的委屈就会渐渐消失(让孩子明白,“不论你感觉如何,我会永远爱你”会有帮助),不要对孩子的抱怨太在意。孩子对你的抱怨并不代表对你的全盘评价,只代表他急于排除掉的烦恼而已。只要他摆脱掉那些令他不快的情绪,他就会重新注意到你对他有多好。

(7)允许孩子畅快地哭,不要有时间限制。孩子哭时起先是为刚发生的事,然后可能是为以前发生的伤心事。如果他是初次得到倾听,他会哭得很厉害,而且很久,一般达半小时至1小时之久,因为这样的机会他已经等了很久。你表现得越温和慈爱,他哭得越久、越厉害,因为感受到了你的支持和关注。我们许多人都有类似的经历:困难时刻,他人不期而至的关心会使我们落泪。孩子也是如此。越有安全感,他就越能向你充分显露他的情感,在哭过之后,能越深地感受到轻松愉快。说到时间,父母们会觉得很难办。我们怎么会有那么多半个小时来坐下听某个孩子哭呢?谁去准备晚饭?谁去处理其他孩子之间的麻烦事?在我们的生活中,时间是个昂贵的消费品,大多数人不会轻易为某件事多用些时间或多做些努力。关于时间问题没有简单的答案。不过,许多父母发现,当孩子烦躁不安时,如果肯花时间倾听,可以省去其他不少麻烦。比如,你不再需要花时间训斥他,为他担心,不停地抚慰他。也就是说,当孩子好发脾气,对什么都不满意时,你只需坐下来,把他搂在怀里,允许他哭出内心的委屈,明确意识到这

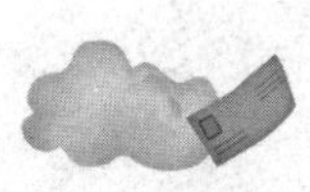

是孩子处理自己不良情绪的机会,也是让你自己放松情绪,通过倾听让自己的爱浸润孩子心田的机会。

(8)孩子大哭一场之后或许需要睡一觉。恢复过程中,睡眠的作用可能以不同形式表现出来。孩子在一场翻江倒海的大哭之后可能连续打几个哈欠,然后倒在你的臂弯里沉沉入睡。这样的睡眠很重要。它给了孩子为恢复由于情感伤害而丧失的感知能力所需要的时间与安宁。通常,他会一觉醒来,又是个快乐的、充满活力的孩子。有时,睡眠只是恢复过程中的一个间歇,并不意味着过程的终结。闷闷不乐的孩子会逐渐地、时断时续地抽泣着进入梦乡。醒来时仍然不快活,但已有了新的活力继续自己尚未完成的恢复过程。如果允许孩子哭得畅快,孩子得以经历这样一个间歇阶段,你会在他的行为举止方面看到明显的进步,压在他心头的沉重负担正在被卸除掉。

(9)倾听过孩子充分哭泣之后,注意发现孩子身上新增长的领悟力、热情和创造力,以及他更加充满活力的游戏。孩子在成人的帮助下,痛快地哭过之后感到轻松、被爱,满怀希望。他们会通过某些看似微小而意义重大的行为,让我们了解他们的变化。在对你大哭大闹之后,孩子可能会轻柔地帮你整理头发,勇敢地去和他以前害怕的孩子一同玩耍,自编几首快活的小调,或把他以前最厌恶的数学作业做完,注意捕捉他渴望生活与爱的天性的闪光。你一定不想错过他对你表达爱的一举一动,愿意看到他的自信心不断增长的迹象。这些就是对你的倾听的报答,是你的努力赢得的。我认识一位母亲,她每次送女儿去托儿所都感到痛苦万分。每天早晨该和母亲分手告别时,孩子都会抓住她不放,抱怨、哭闹。然后,她会很快停止哭泣,但整天闷闷不乐,不爱说话。最后,母亲决定每天提前到校,以便有充裕的时间与孩子道别,孩子哭时能陪在她身边。头三个早晨,母亲每次都得留在车里听孩子哭近一个小时。等女儿哭声一停止,她就温和地对她说:“该进学校了。准备好和我一起下车进大门了吗?”孩子就又抽泣起来,紧紧抓住她。在经过几乎不可想象的那么长久的大哭之后,孩子会安静下来,向四周望望,悄悄看一看饭盒里为她准备的午餐,或转转汽车方

向盘,然后就同意进校门了。第四天早晨,孩子比以往哭得还要厉害,可只持续了15分钟,就很快决定要进校门。第五天早晨,孩子没哭。她用力长久地拥抱了妈妈,说她要自己一个人从便道走过去进校门。母亲等了一会儿才跟随她进校给她签到,看到女儿已经把自己的东西放好,开始玩游戏了。保育员们后来报告说,她女儿的自信心在那一周里有显著增强。这个变化正是母亲终于在第五天所明确看到的。就像这个例子中的情况,孩子在面对新的挑战时,如能得到倾听,他们的自信心会得到惊人的增长。为了清除某种情感创伤,孩子可能需要多次倾听,需要你付出相当多的时间。但你可以看出,孩子在最初表现出的软弱无能的状态会随着每一次倾听获得明显的改进。

倾听孩子对于父母不是件容易的事

倾听一个哭闹的孩子本身并不复杂,对孩子的成长极为有益,但实践起来确实不容易。要做到全神贯注地倾听孩子,我们父母也需要别人花时间来倾听我们的想法和感受。孩子的激烈情绪会触发我们自己的情绪。我们也有许多话要说,比如:作为父母有多难,我们如何爱自己的孩子,孩子有时让我们多么恼火,对孩子的担忧、失望和希望。如果父母们之间能建立起一种彼此倾听的伙伴关系,就能满足这种需要。当我们自己信赖着一个倾听者时,我们会更好地理解孩子是怎样努力要信赖我们。让倾听者了解我们自己有多么伤心、劳累,有助于培养我们倾听孩子的耐心,更有效地帮助孩子摆脱烦恼。

提示与思考

1. 孩子大哭的时候,你通常的反应是什么?

2. 就你而言,倾听大哭的孩子是否很难,难在哪里?

3. 你是否记得自己小时候曾经大哭过,因为什么?父母是否和蔼地听你哭?

四、孩子恐惧的时候

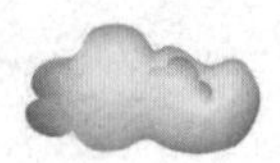

孩子的恐惧感从何而来

孩子降生时对这个世界几乎一无所知,他们期待得到爱、温情和理解。父母会给孩子尽可能多的关怀与温情,但往往不能够满足他们的期望。当某些他们不能理解的事情发生,或经常受到冷落时,就容易使他们感到恐惧。孩子有时比成人更敏感,许多成人感到无所谓的事情都会惊吓孩子。孩子尤其对突发的、痛苦的或缺乏亲情的情况没有思想准备。幼年与母亲或父亲分离,未对孩子解释就突然更换其保姆,家里人情绪激动的谈话,被好事的亲戚拿来取笑逗乐,电视节目中的暴力等,都能使孩子受到惊吓。

此外,有些孩子可能在很早的时候就受到过直接的身体伤害。难产、早产、新生儿黄疸病的治疗等,都可能惊吓婴儿,扰乱他出生后第一个月的宁静。严重的伤害会使某些孩子由于潜在的恐惧而经常处于紧张的情绪之中。

感到惊恐的孩子会很难与他亲近的人保持密切接触。他不能承受你长久的注视,也不会很快去试探并依赖他人,而是经常处于一种“戒备”状态,不能松弛下来平静地享受亲友的陪伴。惧怕也会使孩子变得急躁和难得满意,稍不如意就可能由于不耐烦或生气而大发脾气。在他看来,生活不是连续不断的快乐时光。

有时,需要你帮助孩子从刚刚受到的惊吓中解脱出来。例如,一只狗扑向你的孩子,它被及时地拉开了。孩子虽未受伤,却被吓得尖声哭叫。孩子更经常地由于某些长期存在的恐惧向你求助。当时并没有什么东西真的在威胁他,他就是感到害怕。曾被狗惊吓过的孩子在教室里可能不敢

触摸一只课堂示范用的小兔,哪怕它在打瞌睡;一个怕见生人的一年级新生在开学的第一天就会感到惊恐不安。

孩子如何摆脱恐惧

我们可以帮助孩子完全摆脱恐惧。很少有人见到过孩子生来就会尝试使用的康复过程,因为它往往是我们所难以忍受的。孩子在宣泄恐惧感时,会深深地体验到恐惧,他们的恐惧感会随着发抖、干嚎、出汗和发脾气宣泄出来。在整个过程中,他们需要我们在身边给予关注,正如他们在哭泣时需要我们在身边给予关注一样。孩子在宣泄悲伤时,会深深地体验到悲伤,仿佛有无穷无尽的悲伤。孩子在宣泄恐惧时,也会有类似的情况。当你靠近孩子时,他的恐惧感会加剧,会冒着汗、发着抖地与你扭打。整个过程虽然可能是乱糟糟、闹哄哄的,却会产生很好的效果。只要有机会把恐惧感宣泄出来,一个动辄就发脾气的、胆小的或好斗的孩子在待人接物方面会有全面的改进。通过倾听孩子的恐惧,你可以扫除孩子成长道路上的重大障碍,可以帮助他重新获得由于恐惧而失去的自信。

你的孩子很可能已多次试图利用康复机制摆脱恐惧感。受到惊吓的婴儿的表现会是紧闭双目、下巴颤抖、高声哭喊,同时使劲扭动身体、冒汗、发抖、蹬腿或揪耳朵。已度过婴儿期的孩子在受到惊吓时,会一边尖叫一边跑过去抱住自己信任的成人。如果成人紧紧地搂着他,耐心地问他怎么回事,他就会发抖、挣扎、冒汗和哭叫。

整个康复过程对于我们大多数父母是烦心和令人不安的,我们会想尽办法去止住它。我们哄劝孩子,转移他的注意力,甚至申斥他。我们以为制止孩子流露恐惧感就能消除他的恐惧。但这样做恰恰是南辕北辙,只会导致恐惧埋藏在孩子内心深处。因为,如果他没有机会通过哭喊和发抖宣泄出恐惧感,就不可能面对使他恐惧的事物,也不会明白他现在是安全的,甚至在某些看来与先前那件可怕的事并无关联的情况下,未被清除的恐惧也会左右他的行为。他可能经常被噩梦惊醒,并躲避某些使他害怕的活

动。我的一个儿子在13个月大时开始害怕离开我，去公园时他不肯走着去，非让我抱着他。如果把他放下来让他自己走，他就吓得大叫、冒汗、扑向我的怀抱。当时我还不懂得他需要这样以排除恐惧感，从而能够接受自己要求独立的内在需求。孩子为消除惧怕所作的努力真是令人困惑不解：谁会想到让他们在你的怀抱里表现出恐惧感竟会有助于他们获得自信呢？

孩子经常间接地表现自己的恐惧

有时候，孩子不会直接启动康复机制。他们不哭叫，也不跑向什么人寻求帮助，因为他们已经害怕去体验恐惧。他们以明显的“行为异常”的方式寻求帮助。他们或者固执地躲避某些活动、某些人或地点，或者在他们感到害怕的场合采取攻击性行为。孩子的恐惧也经常间接地表现为愤怒。

以下是帮助孩子摆脱恐惧的几个原则。一旦你的孩子在恐惧中大哭起来，你赶到他的身边想帮助他时，这些原则会告诉你基本的做法。然后我们将简要介绍一下康复过程，之后再谈谈如何帮助通过躲避或攻击性行为间接地表现自己的恐惧的孩子。

1.搂紧孩子

受到惊吓的孩子需要你紧靠着他。他需要感觉到你紧靠着他的身体，需要一睁开眼就能看到你的平静而关注的面孔。他在回顾刚才经受过的可怕时刻时，会抬头注视你，看看他的恐惧是否也影响到你。所以你应当尽可能地显示出确信一切都好。他在排除恐惧感时需要你作为他的可靠的支持。重新体验恐惧时，孩子可能会尖叫，弓起后背，紧闭双眼，头向后仰。此时你应轻柔而坚决地把他紧搂向你，鼓励他看着你，告诉他你就在他身边，他随时都可以看到你。

2.即使孩子拼命要推开你，也要坚持靠近他

要使康复机制起作用，孩子需要一个宣泄恐惧的对象。而你通常就是他近旁最安全可靠的这样一个对象。所以当你靠近他想帮助他时，他可能要把你推开，把你当成他的惧怕对象。他会突然害怕你靠近他，仿佛你一

靠近就会置他于致命的危险之中。他把从前某次可怕经历留下的恐惧感与你联系起来,因为他无法与从前那个抽象的阴影抗争,但可以与你抗争。你就在近旁,你是安全可靠的,你随时准备帮助他战胜曾经吓倒过他的某件事物。如果你心平气和地允许他挣扎、哭泣和发抖,就能加快他摆脱恐惧的康复过程。这是个很难把握的情况。一方面,我们不能压服或左右孩子。如果我们倚仗自己身体和力量上的优势强迫孩子服从我们,就会实实在在地伤害他们。另一方面,必须有让孩子感到安心的、善解人意的成人在他近旁,允许他体验恐惧,并通过出汗、哭喊和发抖宣泄恐惧感,孩子才能够摆脱恐惧。我们初学倾听有恐惧感的孩子时,最好是循序渐进的。当孩子开始体验恐惧时,要动作轻柔地拥抱他。如果他尖叫着跑开,你要缓缓地、安抚地再次靠近他。某个时刻他会开始尖叫、发抖,也许还会愤怒地打你。但这也该是让你感到高兴的时候,因为这意味着康复过程的开始。你已不必考虑要更靠近他,你所做的已是恰到好处:既守在了他的近旁又给他以很好的倾听。

3.对孩子解释你为什么要守在他身边

孩子会迫切地期望自己不必去体验恐惧。为了表明你(上述那些做法)是为他好,而不是要为难他,你要一再向他解释你为什么要守在他身边。解释得越充分,他越能信任你。那么,你为什么要守在他身边呢?你告诉他,因为当他害怕的时候,你要和他在一起。尽管你知道他现在没有危险,但是在他以为要发生最糟的事情时,你希望自己在他身边。你爱他,所以不愿让他独自体验恐惧。你对这种康复过程逐步建立信心时,可以自己想出各种靠近他的理由。你的解释不会妨碍孩子体验恐惧。他宣泄出一定的恐惧感之后,就会明白你的解释,明白他在你的怀抱中是安全的。

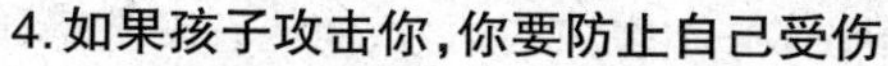

4.如果孩子攻击你,你要防止自己受伤

孩子在恐惧和绝望中挣扎时,你不能指望他依然是个“有礼貌”的“乖孩子”,他做不到。他指望你能明白他正在宣泄恐惧感,并非有意对你无礼。孩子在恐惧中会变得狂暴。如果你仍然坚持对他的关注,他会持续地发抖、冒汗和挣扎。你要设法靠近并搂住他,同时保护自己不被他弄伤。

如果他打你，你就用手挡住他的手臂，或弯下身子，让他的拳头落到你的后背或肩膀上，不致弄伤你。如果他踢你，你可以轻轻地把他抱上膝，脱下他的鞋，让他踢不到你。如果他要揪你的头发或抓你的脸，你就得柔和而坚定地握住他的手，把它们拿开，并告诉他，只要他还想伤你，你就不会放开他的手。允许他猛烈挣扎，就是允许他宣泄恐惧和绝望的感觉。注意保护你自己，会使他事后不需为自己的"无法克制"的狂暴行为感到内疚。这样你就为他创造了条件使他能平安闯过"难关"，而不是只让他哭泣、自怜或退回到消极状态。

5.让孩子知道现在他是安全的

孩子在宣泄恐惧时，经常会再次体验到有关的可怕经历的部分细节。出生时曾呼吸困难的孩子时常会感到自己不能呼吸；而他们可能真的开始咳嗽并一时喉头发紧。幼小时受过伤或接受过手术的孩子可能会觉得你的触摸让他疼痛难忍；受到过成人或兄弟姐妹的威胁的孩子会认定你生他的气，会随时伤害他。不断地用话语安抚他们，有助于他们宣泄恐惧。比如，孩子也许会害怕自己不能呼吸，然后，有可能由于全身发热而感到害怕（宣泄过程中，孩子会释放出大量体热）。这时你可以用平稳的声音对他说："我就在你身边。你的呼吸很正常。我在注意你的呼吸，我保证你的呼吸不会有问题。我不会离开你。我每时每刻都在注意着你，不让你有麻烦，是我在搂着你。你很热，这不要紧，过一会儿就好。我会把我的手放在你的额头上让你凉下来，让你害怕的事现在已经过去了。有我在身边，没有什么能伤害你。"你的声调很重要。你说的话固然有稳定的作用，但是平稳的声调比话语本身更能令人安心。

但是不要以为你这些话能使孩子平静下来。他在正视自己的恐惧的时候，你的话和声调就是一种表明你并不害怕的信号，使他有安全感，能继续面对恐惧感。你的声调越充满自信，他越能面对恐惧。如果你的话正好触及他正在处理的恐惧感，会加剧他的哭泣和发抖。例如，我所认识的一个两岁男孩有一次被一件玩具绊倒。当母亲来到他身边时，他就闭紧眼睛大哭着打她。她对他说她一定不离开他，还说了很多安慰的话，他却显得

更紧张,动作更激烈,声音也更高,边踢边喊:“抱我起来!抱我起来!”母亲把他抱起来放在腿上。他却还是尖叫着要她抱他起来,大汗淋漓地闭着眼两腿乱踹,看上去像发了狂似的。这样持续了5或10分钟,母亲忽然记起大约半年前,他曾摔了一跤把腿划伤。医生给他缝合伤口时,母亲在他身边,但他是被缚住的。于是她对孩子说:“真抱歉,那次在医院里我没能把你抱起来,当时我是想抱起你的。现在我把你抱起来了,现在你安全了。小宝贝,对不起。”他的眼睛忽然睁开了,盯着她看,然后他紧紧抱住她,剧烈地哭泣、发抖,在她的重复的道歉声中足足持续了15分钟。母亲“一语中的”的安抚使孩子得以宣泄出深藏的恐惧感。

6.拥抱孩子

尽到给予孩子拥抱这一步,你需要循序渐进、小心谨慎。向孩子靠近要一步步来,每次要事先告诉孩子你要怎样做。比如,“现在我要把手放在你的额头上了,亲爱的。我知道你被吓着了,可这是我的手。”有时,当你告诉孩子你要做的动作时,孩子会非常害怕。只要想到你要做的动作,他就会挣扎、冒汗。此时,你要继续告诉他你要做的事,但行动一定要慢。你可以把手举在他的眼前,使他因为害怕而发抖和叫喊。这样也许10分钟后,你才能做到把手放到他的额头上。朝着一个安全的对象宣泄恐惧对孩子摆脱恐惧很有帮助。

孩子挣扎、发抖、尖叫和冒汗的时间越久,越表明他在重新体验过去的恐惧。他不会对你说:“啊,我现在明白了!在你的怀抱里,我很安全。现在我想起来了,我刚出生时不会呼吸。可是他的注意力会在与你挣扎的过程中逐渐从你身上转移到重现的往事所引起的恐惧感上去。你可能先听到他说:“你讨厌,我要你走开。”然后他可能会说:“我不能呼吸了!爸爸!我吸不进气!啊!救命!我一点儿也喘不上气了!”(他同时在大口大口地吸气)。“我喘不上气!救救我!我真害怕!”在回忆可怕的往事时,他需要你在身边,把他搂在怀里。

经历了上述过程之后,孩子常常能够从感到恐惧转为感到轻松,并更亲近你。在你的怀抱里会放松畅快地哭一场,因为他知道,在他感觉最糟

的时候你始终和他在一起。此时你应温柔地搂着他。他这时很想亲近你,感到很放松,很被人理解。对于你们的关系来说,这是个重要时刻。

正视并处理了恐惧感之后,孩子需要时间调整自己对外在世界的感知。由于减少了恐惧感,外在世界在他眼里仿佛已变了样。你会看到孩子以一种新的领悟去静静地观察、倾听和接触事物。他可能有好几分钟只想看着你,摸你的脸。也可能在畅快地哭一场、打几个哈欠之后,在你的怀里沉沉入睡。

7.你一旦感到害怕或愤怒,请立即中止帮助孩子的尝试

只有当我们自己很有理智的时候,我们才可以尝试去帮助孩子摆脱恐惧,这点很重要。当我们自己感到害怕或愤怒时,最好停下并对孩子说:"我现在帮不了你了。咱们到此为止吧,我不能再听下去了。"保持孩子对我们的信任很重要,所以我们不能在连自己都很困惑或愤怒的时候还假装能够帮助他们。不过,要预先提醒的是孩子一旦开始正视和处理恐惧感,就很难中途停止。如果你必须突然中断对他的帮助,他需要一定的时间才能回到现实中来。所以他会继续找出理由表现自己不高兴、愤怒或害怕,盼望你能回来帮他完成对恐惧感的处理。

由于孩子的恐惧往往给人以压迫感,再加上孩子公然地与我们扭打很容易使我们恼怒,因此我们需要时间和练习才能学会倾听孩子宣泄恐惧感。你会注意到你无法继续倾听下去的原因或是由于孩子开始羞辱你作为父母的身份,激怒了你;或是因为孩子惊恐的眼光使你也感到惊恐。你可以找另一位成人让他听你述说你恼怒或害怕的原因,这有助你深入地倾听孩子。倾听孩子宣泄恐惧要求父母不但能应付孩子的恐惧,而且能应付自己的恶劣情绪。

当孩子逃避令他们感到恐惧的事物时

当孩子跑到你身边,试图躲避他们害怕的事物时,你可以当即启动治愈过程。首先要保证他的安全,去除任何不安全因素。然后,温和地鼓励

他面对使他害怕的事物。让他看着他所怕的人或物，也可以试着朝那人或物靠近一点点。如果孩子吓得发呆，你就带他走得远一点再让他看。也许你得轻推他一下，把他的脸从你的膝盖上移开，或你们一起朝着那人或物挪近一点点。你在努力达到一种微妙的平衡：爱护与安全，加上让孩子感受到些许恐惧。如果你表现得有些冷淡和不耐烦（比如对他说："去啊，到那只狗那边去，快点走啊！"），孩子觉得不得不服从，就无法放松地宣泄自己的恐惧感。如果你给予过多的同情（比如对他说："过来，小宝贝，那狗可真吓人，咱们到没有狗的地方去"），他会失去体验自己恐惧的机会，而这种体验是治愈过程的重要组成。

在我的日托所里，有个孩子怕吃午饭。他不肯坐下吃饭，除了牛奶和饼干，讨厌一切食物。热饭热菜一上桌，他就悄悄地退到房间的另一头。为了能让他逐步摆脱恐惧，我们请一位他信任的保育员走到他身边，轻轻揽住他，劝（不是要求）他过去就餐。当他感到自己被轻轻推向饭桌时，就开始尖声抗议并冒汗。几分钟之后，当他静下来望望四周时，保育员就说："咱们现在可以过去了吧？"然后就又轻轻朝桌子那儿推他。于是他又显得很害怕。有时我们不得不硬把他带到桌子那儿，因为保育员需要照顾别的孩子。别的孩子吃饭时，他就坐在保育员的膝盖上不停地发抖和哭泣。这样做了多次之后，他开始能够开心地试着触摸自己的食物。后来终于可以主动品尝他过去怕见的饭菜了。我们始终未能了解他为何会怕吃饭，可我们的确成功地帮他消除了惧怕。

笑有助于孩子消除恐惧感

如果孩子的恐惧很严重，你可以先鼓励他发笑来帮助他消除恐惧，这可以释放出恐惧所引起的较轻的紧张情绪。如果在他感到安全时，你能装出自己也害怕他所怕的事物的样子，他就会笑起来。当你用笨拙可笑的动作表现恐惧时，孩子会开心地大笑不止，甚至可能会以强者的姿态加入游戏，对你说："我能告诉你怎么办，你得听我的！"这种新的力量平衡——大

人吓得束手无策，孩子反而胆大有为——是对孩子的日常体验的难得的补偿，随着他串串笑声，紧张情绪会渐渐消除。

我所认识的一个六岁男孩怕打电话。他的朋友都能自如地用电话，唯有他总是求妈妈替他打电话，一副可怜巴巴的样子。一天，家里只有他和妈妈。他正在地板上玩，妈妈把电话放到地板上，用夸张的、迟疑不决的口气说："我得给玛丽打电话，可我不知道自己会不会用电话！喔！天哪！真希望不必打这个电话！"她开始拨电话号码，可又惊惶地啪的一下扔下了话筒："我打不了！"这时，孩子开始感到好奇和有趣，但还没笑。于是她又拿起话筒："喔，我该怎么办？我不知道该怎么说！"她又开始拨号码，然后大叫一声甩掉话筒，好像它是个烫手的土豆。这时孩子开心地大笑起来。母亲继续害怕地自言自语，一再地丢掉话筒，因为这些能逗孩子发笑。过了不久，孩子开始指导母亲了："妈妈，把话筒拿起来，快呀，你总得给她打电话呀，快！"最后，母亲拨了号码，假装开始与什么人交谈了几句，然后慌乱地挂断电话。孩子又开心地笑起来，甚至开始嘲笑母亲："妈，你太笨了！连电话都打不了！"他把话筒塞到她手上，她就害怕地把它丢开。又是一阵笑声，随后是推推搡搡，因为母亲想躲开电话，儿子却笑着用力拉她回到电话那儿，不管她是如何哀声抗议。

这样玩了大约20分钟后，母亲说她得停下去做家务了。第二个星期她又找时间做了两次"打电话游戏"，设法逗孩子发笑，多说多做能让孩子发笑的话和动作。她从未认真地或教训式地要儿子自己打电话。就在他们第三次"打电话游戏"之后不久，儿子问她要他的最好的朋友的电话号码。她问是否需要她替他打，他说不，但要她在他打电话时到别的房间去。她照办了，从远处听着儿子第一次独立地打电话。

这个游戏表明：大笑可以帮助孩子增强信心。孩子爱玩这样的游戏：他们扮演的角色是敏捷、勇敢、坚定可靠的；成人的角色是愚笨、胆小、糊里糊涂的。大笑以及能够放松地嬉闹游戏给孩子机会去体验做强者的滋味，并宣泄出这个一切以成人为准的世界带给他们的紧张情绪。

这类游戏常常给孩子机会展示并处理他藏在深处的恐惧。例如，你的

孩子可能不停地往你身上跳，要把你当马骑。当你轻缓地摇晃着把他甩下去，并做出想逃走的样子时，孩子会开心地大笑。游戏持续大约20分钟之后，他的膝盖在有地毯的地板上碰了一下——显然碰得并不重。可是他却用痛苦和埋怨的眼神盯着你，一声不吭地离开你，远远地躺在地板上，一动不动。当你过去轻轻地扶起他，哄着他让他望着你时，他开始尖叫、踹腿，就好像你要伤害他似的。他是在借助从你们刚才做的游戏中获得的安全感去处理心灵深处的恐惧。这种由大笑转为感到恐惧，通常发生得很突然，使父母困惑不解，所以他们希望游戏在进行到这个很有收效却难以把握的阶段之前就能打住。我们的孩子迫切希望摆脱恐惧感，当我们能放松而考虑周全地同他们做游戏时，他们会敏锐地抓住这个重要时机。

害怕黑夜

许多孩子都有晚上难入睡或者天亮之前被吓醒的问题。解决这类问题的一个好办法是在睡前安排一些活泼的游戏，要有欢笑，可以有打打闹闹（不要胳肢），但要让孩子占上风。这样的游戏能使你和孩子肌肤相触，而肌肤相触是孩子的安全感的主要来源，还能让孩子感到被人理解。当孩子与父母共同度过的时光以游戏和欢笑为主时，他们会感到与父母很亲近。到了睡觉的时候，孩子就比较容易面对让他感到不安全的问题和感觉。开始他可能会不肯去睡觉，或不肯刷牙，或不停地要你讲故事。你要做的是保持好情绪、自信心，继续引导他去睡觉。你可以说："赛丽亚，我知道你不乐意，可现在该睡觉了。""咱们去洗手间吧，你的小蓝牙刷在那儿呢！""我已经讲了三个故事了，咱们得留一个明天再讲。"这样你一方面在以你的温情给他以安全感，一方面又推他更进一步面对自己的恐惧感。

然后，孩子可能会突然大闹、冒汗或惊恐地大哭。不论起因是什么，你都不要焦躁。如果孩子哭闹着不肯去卫生间刷牙，你要搂住他，再三告诉他说："该去洗漱准备睡觉了，皮特。"上床后如果他老要你搂着，哭叫着抓住你不肯让你离开，你可以先挪开一只胳臂，另一只仍搂着他，让他意识到

即将来临的分别，又依然能有安全感。如果你注重的是“办完事情”，只求让他刷完牙，渡过分别难关，那么花时间帮他解除恐惧会让你感到很烦。要帮助孩子治愈恐惧，我们成人应当调整自己的日常节奏。我们会为此付出时间和精力，但你和孩子终将能免除掉那套冗长的、只能暂时缓解孩子的潜在恐惧的睡前“例行程序”。解除孩子的睡前恐惧也能增强孩子对外界的安全感。

有一对夫妇连月来每晚都要花两个小时哄三岁的女儿睡觉。他们决定帮助女儿消除恐惧。这天晚上他们先搂着女儿躺了一会儿，然后告诉她，他们要起身到别的房间去。说完他们就做出起身离开的样子，惹得女儿哭起来。如果与女儿靠得太近，她会停止哭闹，所以他们与女儿保持着近一尺的距离，这样她能看到他们，他们也能温柔地安抚她。女儿浑身冒汗大哭大闹了将近两小时，弄得这对夫妇也筋疲力尽。最后，女儿脸上的恐惧消失了。她要父母各亲她一下，然后说她想睡了。他们给她盖好被子，站在门口直到她睡着才离开。他们很担心自己错待了她。第二天母亲去托儿所接女儿，对昨天晚上的事一无所知的保育员对母亲说：“卡拉今天真棒！她和气、开朗，还替别的孩子着想。我们从来没见过她这么自信。以后的几个星期里，女儿在入睡前还哭过几次，但时间不长，能很快平静下来，比以往入睡得快多了。

若孩子半夜被噩梦惊醒，你能够帮助孩子成功地摆脱他的恐惧感。问题在于父母们在深更半夜时分很难集中精力帮助孩子。孩子此时正要通过哭闹、冒汗来驱除恐惧，所需要的是有你们在身边协助完成这个过程。你可以打开灯，或把孩子抱到开着灯的房间去，以便他在清醒过来时知道自己在哪里。不必急于唤醒他。康复过程启动之际，他会自己醒来。从某一方面来说，梦境对他有益，它使他体验到原先深藏的恐惧。这恐惧在梦境中浮现出来后会启动康复过程，通过孩子的发抖和冒汗被排除掉。

白天通过做游戏和允许孩子发抖和哭泣等方法可以部分消除孩子做噩梦的问题。然而，有些恐惧似乎只有当意识的防线在孩子睡眠中松弛下来时才会显现出来。如果孩子与你同睡，你也许会发现他在睡着后有时会冒汗和发抖。这是康复过程在起作用——但这次不需要你的协助。

当恐惧导致攻击行为时

孩子有时会掩饰自己的恐惧。他们因为感到孤独、被人冷淡而不愉快,但不知该怎么办。在这种状态下,他们会尽量保持正常举止,然后可能会突然打别的孩子一下,揪妹妹的头发或扑打你。这些是最让父母讨厌的事,很容易被误认为是故意的粗野行为,使父母对孩子产生看法,心想,怎么他这么大了还不能控制自己?

不管是什么年龄,人在害怕的时候都无法正常思维。当孩子由于害怕而无法正常思维时,他们就会因为自己受到的伤害去同样伤害别人。所以,如果你的孩子在操场上被人推了一下,在紧张或惧怕之中,他就可能去推别的什么人。受到辱骂或见到过别的孩子遭受辱骂的孩子,在情绪紧张或感到孤立时会脱口骂人,不论他是否懂得所用词的含义,使孩子感到恐惧的事件常常会原原本本地再现于孩子的行为之中。

要帮助一个可能会由于恐惧而产生攻击性行为的孩子,父亲或母亲应该预见到会发生的麻烦,在孩子做出攻击性行为之前及时制止,以免造成伤害。如果在孩子已经弄伤了别人之后你才赶到,孩子此时通常会沉浸在内疚中,无法体验任何其他感受。他也不会有足够的安全感使自己能痛快地哭泣或发抖以排除恐惧。

当恐惧感占上风时,孩子会发出某种警告信号。做一些调查研究,仔细地观察和倾听,你就能学会识别这类信号。下面的例子是我认识的一些孩子所发出的信号:“如果路易的妈妈前一天晚上没在家,第二天早上路易就会在托儿所咬别的孩子”“只要别的孩子在卡罗尔身边多坐一会儿,她就对他们拳打脚踢”“如果波比放学回家又摔门又不理人,那他在10分钟内肯定要欺负小妹妹”“把两岁的珍妮留在一个婴儿旁边,半分钟后,她就会开始用手戳婴儿”“每当纳森上幼儿园迟到,他总是一进门就开始骂别的孩子”。

你一旦能识别这些信号,就可以及时地给孩子以温情和关怀来消除孩子的恐惧。你的目的是让孩子表露出自己的恐惧,在体验恐惧的过程中将恐惧排解掉。所以你要保持以温和的态度去靠近孩子,即使你知道他会采

取攻击性行动，同时你要提防他会伤害别的孩子。当他扑过来要咬你，要揪你的头发，或要踢你时，你要温和而坚定地制止他。可以把他放到膝盖上搂紧，抓住他伸向弟弟头发的手，按住他的腿不让他踢到任何人。不必说得很多，只要简单地说："我不能让你碰伤弟弟。""看起来你想要咬人，过来在我膝盖上坐一会儿。""我得按住你这条腿，免得你踢伤曼妮。"只要你的声音保持稳定平和，孩子就不会因为害怕你而无法专注地体验自己原有的恐惧。当他意欲伤害某人，却被你平静地、未加责备地阻止住时，他就能够去感受并处理那些使他产生攻击欲望的恐惧感。他会试图挣脱你，或因感到烦恼而大哭。假如他神情木然、态度冷漠，你就要热情地鼓励他目视你，把他的烦恼告诉你。

我所在的托儿所有个孩子只要前一天晚上未能见到母亲，第二天准会咬别的孩子。由于他的母亲参加业余学习的时间很有规律，我们能准确地知道他哪天早上会要咬人。在那样的早上，他进屋时会显得比较安静和拘谨，但能简短地与家人道别，然后就开始玩。我们会特意安排一位保育员热情地迎接他，与他的距离保持大约半米远，以便当他想拉住某位同伴的胳膊咬一口时能及时拦住。她会用手臂把他拦腰挡住，使他够不到他的目标，然后把他揽到膝上。他会扭动身子，眼睛往别处看。假如保育员温和地对他说："路易，我真遗憾你今天早上情绪不好，可我不能让你咬安妮，告诉我有什么事让你这么心烦？"他会哭着要挣脱你，大汗淋漓。此时，如果保育员不得不把他放在一边去照管另一个孩子时，他会坐在地板上，显得很绝望。当保育员回到他身边，关切地对他说话并搂住他，他就再次一边挣扎一边哭泣。我们发现如果能允许他这样持续15分钟左右，他的情绪就能有明显改善，一般不会再有咬人的企图。假如我们没能让他持续那么长的时间，或由于我们表现出对他的行为很恼火，使他没有足够的安全感能在我们面前哭泣，那么他就可能一再地企图咬人。经过连续好几个月得到机会处理自己的恐惧感，他变得温和多了，更加信任我们，更容易通过哭泣把内心的不安释放出来，而不是像以往那样把它们积累起来直到以攻击性行为的方式发泄出来。

倾听恐惧中的儿童犹如走钢丝

几乎没有哪位父亲或母亲见到过另一位成人使用倾听帮助孩子处理恐惧感，我们所见过的是以严厉、羞辱或反感的态度对待恐惧中的孩子。“马上给我停止这一套！要不我就揍你屁股啦！”“行啦，别像个小孩子似的。现在赶快进教室，要不我就告诉老师说你想留在家里守在你妈身边。”“你再敢打妹妹，我就把你锁在你的房间里，教训教训你！”人们需要时间和练习以及充分的支持，才能在孩子因恐惧而产生不当行为时，不按照老习惯去对待他们。我们正在尽力学习如何帮助孩子排除恐惧，找出致使他们胆怯及有攻击性行为的根源。就像走钢丝的人，我们必须小心地保持平衡，不让自己倒向老习惯。在建立起全新的对孩子的复原能力的信任的基础上，我们循序渐进：当他们感到害怕，躺在我们怀里时，我们给予倾听；在他们害怕时，我们始终留在他们身边，轻轻地搂着他们，直到他们重新获得安全感。于是，在最终走完钢丝后，我们将看到他们又能够欣赏自己的生活，比以前更勇敢，更坚强。

对大多数父母来说，学会这种倾听需要重复的有意识的努力。多年来的经验说明，能得到别人倾听的人可以较好地发展自己的倾听能力。通过为人父母者之间的倾听伙伴关系，以及定期会面的父母支持小组等，都可以获得包括有效的倾听在内的支持。在这期间，父母们有机会思考问题，为所面对的共同的处境一起发笑，并重新意识到我们每一个人都深切地关心着自己的孩子。

提示与思考

1．小时候你是否有感到胆怯的时候？是否惧怕过某种事物？

2．当你小时候感到胆怯或害怕的时候，是否得到过别人的帮助？是什么样的帮助？周围的成人当时是怎样对待你的？

五、孩子发脾气的时候

一些全新的假设

我们大多数人常以一种简单的方式判断自己为人父母的能力。当孩子显得愉快、听话、可爱、又有礼貌时,我们就为自己,也为孩子感到自豪;当孩子情绪低落、不讲道理时,我们或是责备自己,或是抱怨孩子。我们处理事情时往往受一种广为接受的观点所左右,即孩子有了麻烦是件“坏事”。我们会通过尽力劝说或施加压力,迫使他们重新成为“好孩子”,因为我们不愿意觉得自己是“坏”孩子的“坏”父母。

这里我们建议父母们不必勉为其难地强使孩子们变“好”,而是尝试另一种方法。这个方法就是倾听孩子的情绪宣泄。它的依据是以下这些(并非凭空而来的)假定:

(1)儿童天生是可爱的,他们容易与人相处和合作,有很强的求知欲。

(2)儿童良好的天性会被不良情绪掩盖。当孩子们感到悲伤、惊恐、害羞、孤独或不被赞赏时,他们良好的天性可能被掩盖。不安情绪会使孩子的行为“出轨”,不再对人抱有信任、合作、热情的态度。

(3)受伤害的感受会导致孩子的行为变得可恶、可怕或僵化。这类行为表明孩子在寻求帮助。

(4)如果有个孩子正处于上述状况,情绪很糟又很倔,只要有位成人来到他的身边关怀地倾听他诉说烦恼,他就会从受伤害的感觉中解脱出来。

从上述观点出发来考虑如何处理孩子的问题,父母们会很快发现,孩子的烦恼只表明他需要被倾听,并不意味着父母的严重失败。父亲或母亲的亲切关注会鼓励孩子充分地体验自己的烦恼。他会大哭、大发脾气、浑

身发抖或放声大笑，直到把那些使他行为“出轨”的情绪宣泄掉。孩子的情绪发泄是一种自然的康复过程，能使他们恢复原有的爱心及随和、好学的天性。我们发现，如果父母有倾听孩子内心深处的想法，那么孩子就会增强对自己的力量和智力以及对父母的爱的信心。当孩子把那些不愉快的情绪剧烈地宣泄出去之后，他的心中会萌发出希望和热情。

特别要注意的一种情绪是沮丧，它是任何一个热切求知的人都会遇到的一个问题。孩子们带着“我当然能做”和“一定会成功”的期待去学习。他们对于自己想干什么有自己的主意，这是件好事。然而他们的能力只有通过坎坷的、有失误的尝试过程才能得到增强。沮丧是学习过程中每天都会发生的突然故障，是孩子所期望的与他们所能做到的二者之间的、矛盾的自然产物。

沮丧会阻滞学习过程

对于任何年龄的学习者来说，沮丧都是个难以对付的“敌人”。我们都知道沮丧是如何发生的：一个孩子无法让事情按照自己的愿望发展，然而为了自己的荣誉，他又不能放弃努力，最终他失去了采取新方法进行尝试的能力。他想成功，但不知如何做，他感到惶恐。此时，善意的成人的建议对他不起作用，因为他的那种感觉或情绪已经压倒了他思考的能力。此时此刻，如果禁止他发脾气，这个孩子一定会放弃他要学习的愿望。以后每当遇到相似的情况或相似的学习任务时，沮丧就会像豪猪的毛一样竖起来挡住他的路。

当一个灰心丧气的孩子感到安全时，他会开始发脾气，即正如我们前面所提到的，开始一个自然的康复过程。孩子大吵大闹时，会全身发热，也可能会哭泣和冒汗。他会扑倒在地上，或挥拳跺脚，或徒劳地硬推一个不可移动的物体。这样地发脾气通常并不针对任何特定的人。他们不是有坏脾气，也不是有恶意。孩子这种情绪爆发会大量释放出致使他们一触即发的紧张情绪。

对大多数父母来说，孩子发脾气的情景令人很不愉快。但是如果你能注意到发脾气是如何极大地帮助了孩子，你就会转而去赞许它。大多数父母从来没有机会观察发脾气如何使孩子们恢复了思考和学习的能力。因为当孩子流露出自己的情绪时，周围的人都会对孩子们发火或吓唬他们。尽管每一个健康的孩子都曾一再地尝试用发脾气来驱除沮丧的感觉，我们却一直认为孩子不该发脾气。

孩子发脾气并不一定意味着你作为父母有什么过错，或事情有什么不对头，或孩子有什么过错。当然，如果孩子在类似的情况下重复发脾气，也许说明你对孩子的行为的期望或限制是不恰当的。例如，在商店买东西时不许小孩子触摸任何东西，肯定会让他感到沮丧。儿童不会抑制自己与生俱来的学习愿望，他们常通过触摸来学习。有时候，即使我们的期望与孩子的能力相符，孩子也不会满意。他们自己的希望和想法常超出自己的能力。发脾气是感到沮丧的孩子摆脱不良情绪的途径。

如果我们允许一个孩子经历发脾气的全过程，他就能从阻碍他学习的不良情绪中解脱出来。例如，一个孩子为自己反复犯同样的错误感到灰心丧气，也不肯接受别人的帮助。发过脾气之后，他有可能接受自己能力有限的事实，兴致勃勃地重新投入学习并乐于与人合作。在保持孩子的自信心方面，发脾气起着重要作用。请给孩子一个发泄的机会，他们就不会由于遇到困难而轻易放弃学习。

倾听孩子发脾气

你大概可以数得出好几种经常让你的孩子感到沮丧的情况。有时也许是某件事触发了他的烦恼，例如，被禁止吃第二份冰淇淋；玩游戏时有个小弟弟跑来捣乱；或老师要求做图画作业等。有时孩子发脾气与每天的某个固定的时间有关，与具体的活动关系不大。例如，孩子在幼儿园过了一整天后要动身回家的时候，或每天早晨要离开家的时候，可能最容易发脾气，因为那是孩子最没有自决权的时候。当你确定了孩子的一些敏感时刻

及行为时，你就要做好思想准备。与其希望那些常要发生的麻烦会忽然消失，不如认定麻烦会像往常一样冒出头来。当孩子变得烦躁不安时，要靠近他。当孩子由于遇到挫折而准备放弃努力时，你要温和地鼓励他坚持住，并平静地帮助他面对自己恶劣的心情。

有时候，在倾听孩子发脾气之前，你先得下决心不去抚慰正在烦躁不安的孩子。比如，孩子选好了一件上学穿的衣服。你正要给他穿上，他却开始发脾气。此时，你可以问他是不是想穿别的衣服。如果他又开始抱怨他自己挑出的第二件衣服，你就可以确定孩子正在寻求机会发脾气。为了帮助孩子恢复正常，你该做的就是停止找衣服，温和地说："我想你会从你挑出的衣服中选中一件。"这就是说你允许他开始发脾气了。

一旦你能把握孩子发脾气的规律，倾听他发脾气并不比听他哭泣更困难。发脾气就像是孩子情绪系统中的雷霆闪电。下面是关于倾听的几条一般性的准则。

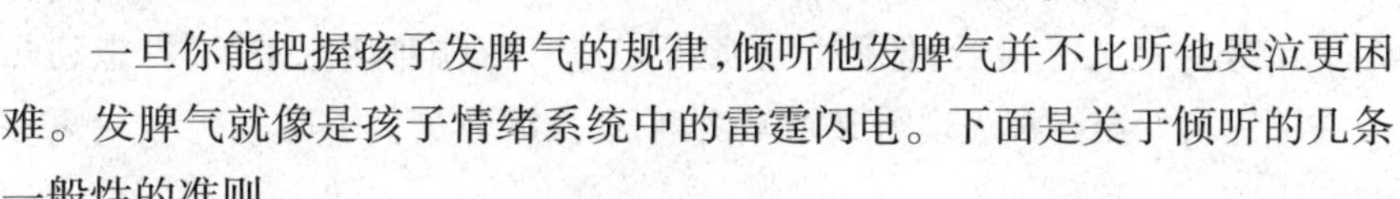

1.要靠近孩子，但别试图安慰他

大发脾气意味着大量的噪声和运动。孩子会浑身发热，大汗淋漓。他会需要撒泼式的满地打滚才能排除挫折感。你可以做他的安全员，保证他不会撞在什么东西上。他会跺脚、大喊大叫、拳打脚踢地与某个看不见的对手搏斗。这些都会有助于他摆脱由于自己未能达到目的而感受到的羞辱(你懂得这种感觉!)，让他去撒泼吧。

发脾气的过程大多不会很长，你也许得坚持听5至15分钟。一旦得到倾听，发脾气会很快过去。随后孩子可能会咯咯地笑，与倾听人热烈地亲昵一番。孩子从几乎要崩溃的状态又恢复了平静和理智，这样一个奇妙的转变过程正是倾听的结果。你会在随后的几小时或几天里欣喜地发现孩子的耐性有了很大的增长。

2.将孩子带到隐蔽处

如果你和孩子刚好处在一个公开的场合，你可以小心谨慎地把孩子带回到你的汽车里，或者其他比较隐蔽的地方，以便安然度过"风暴"。

孩子们看起来经常选择公开场合开始发脾气。可能是因为他们觉得

周围有很多人时，发脾气对自己有利，也可能是由于置身在成人的环境中，对他们造成的压力最终超过了他们的承受力。

在许多情况下，比较恰当的处理是设法把正在撒泼的孩子带到一个比较隐蔽的地方，以便你能控制局面。需要的话你可以这样请别人帮忙："劳驾把我的推车送到边上去，我一会儿就回来。"如果你能带点幽默感会更好："看来我们出了点技术上的问题！我确实想买这些床单，等我这位朋友感觉好些了我就回来。"大多数旁观者会很乐意看到你处理问题很在行的样子。

我认识的一位父亲遇到这样一个情况，他的孩子在商业街的一个拥挤的玩具店里大发脾气。他没有什么地方好去，就抱着大吵大闹的孩子沿街走了十分钟之久。最后，他们壮着胆子走进一家咖啡店吃午饭，没想到儿子在那里自始至终都表现得又乖又伶俐，让女服务员着了迷。

倾听会导致纵容孩子吗

"如果我倾听孩子发脾气，孩子就会恢复正常举止吗？"这是人们常有的问题，人们觉得孩子那些令人头疼的吵闹太频繁了。如果我们每次都得听下去，生活不就变成了一片吵闹声了吗？我们不是更无法对孩子加以控制了吗？我们怎么能容忍他们的任性呢？

允许孩子顺其自然地发脾气，开始的那几次对于父母们确实很难忍受。我们不得不经历恐怖的混乱状态，不得不面对令人气恼的、毫无掩饰的情绪爆发。我们以为孩子的情绪是针对我们自己的，好像孩子正在给我们做父母的能力评了一个不及格。我们对于发脾气的理解是不恰当、并有害的，需要想办法调整自己内心固有的看法。一个好办法是在父母们（不一定得是夫妇）之间建立起相互倾听的伙伴关系，这样可以帮助他们逐步学会担当倾听者这个困难的角色。具体的办法是，两个有子女的人约定好时间，避开孩子们，专注于有关为人父母的话题。每人轮流谈一谈作为父亲或母亲哪些方面做得好，哪些方面有困难。我们可以利用这个机会来探

究一下由于有个沮丧的、爱发脾气的孩子而产生的种种感觉。例如，有机会能着重谈谈那些磨蚀我们耐心的种种情景，我们就能够以较为冷静的头脑，目的明确的行为，振作精神地去倾听孩子。

许多大胆地倾听孩子发脾气的父母都发现孩子急于释放紧张情绪。如果孩子已处于烦躁不安的状态，你最初可能一天要应付几次激烈的情绪发作。但随着他发泄出积累已久的沮丧情绪，你会看到一个快乐、强健的孩子。当然，由于他热心学习新的东西，他还会遇到新的挫折。但是只要有人听他发泄，他就不会由于紧张而在每一次挑战面前都发脾气。孩子们喜欢友好地与其他人相处，他们喜欢相信自己做事不会有麻烦。只有当某一事物压倒了他们的自信心，需要从挫折中恢复过来时，他们才发脾气。

我认识的一位母亲正为儿子进入了"可怕的两岁"而叹息。一两个星期以来，他坐立不安，执拗地对生活中的每一样小事坚持自己的要求，不许成人干涉。于是她靠近儿子，倾听他发脾气。最初的三四天里，他发了好几次脾气，过后他就又像以往那样可爱了。只需要从他的心里宣泄出几样"东西"，他就完成了"个性的转变"，让自己和别人都重新快乐起来。

孩子们不会挑合适的时间和地点发脾气，所以，不要指望你的耐心倾听会培养一个完美的有礼貌的孩子。幼小的孩子只要需要就会发脾气。有父母倾听的孩子在进入青春期时不容易因受挫折而信心崩溃。在儿童时期他们已得益于宣泄，从中增强了自己的韧性和自信心。

运用倾听的办法，你可以期望孩子将逐渐增长应付重要挑战的能力。他遇到困难仍会坚持学习，面对不合理的事物，他会维护自己的正直。与严格的循规蹈矩相比，以上那些品质会使他更成功地接受人生的挑战。消除了紧张情绪，他经常能够与人愉快地相处。烦躁时他能得到倾听，他就学会了设身处地地同情他人，因为你正是这样对待他的。

提示与思考

1．请回忆孩子最近一次发脾气的情景。你当时的感觉如何？你是怎样对待他的？

2．你小时候发脾气时，父母或其他成人是如何对待你的？

六、孩子愤怒的时候

挑　战

大多数父母难以承受的另一种情绪是愤怒。我们有时很难区分发脾气和愤怒,因为这两种情绪的外在行为表现都有大吵大闹,都使人失去了我们大多数人所认可的好风度和良好的自我控制。愤怒有时源于恐惧和悲伤;有时则是对于不公正的情绪性反应。不论是何种情况,只要愤怒的发泄能为人理解并得到倾听,孩子和全家人都会从中受益。

孩子愤怒的时候,就是我们做父母的面临全面挑战的时候。他们情绪激烈,我们也感到应该作出相应的反应。我们的第一个反应是想"对孩子说理"。不过,由于孩子正陷在愤怒的情绪之中,对他们说理很少奏效。他们此时已完全地(尽管是暂时地)丧失了自己通常所具有的智慧和判断力。他们根本听不进或无法理解我们的话。而我们自己也往往会由于孩子的"执迷不悟"而感到沮丧。所以当孩子生气的时候,我们也常常忍不住要发火。

那么怎样可以避免发生这种情况呢?怎样可以消除气恼中的孩子与父母的隔阂呢?关键在于找到一种方法使孩子重新能够与我们很好地交流。我们想让他们了解,即使不能样样满足他们,我们依然是很爱他们的。如果我们对愤怒的孩子给予关注和爱,他就有机会处理自己的情绪,并最终摆脱它;如果我们不这样做,而是惩罚或孤立孩子,他的怒气就会被埋在内心深处,在那里不知不觉地增长、膨胀。

处理孩子的愤怒情绪是父母们最常遇到的、也是最难对付的麻烦之一。这里介绍的有关理论与方法是基于如下所述的观察:当孩子感到烦恼

和孤独时，如果允许他们哭、发抖、出汗、发火或大笑，他们就能重新感觉良好。令他们不安的感觉会随着哭、发抖等等被排除，而且，如果有父母在身旁，他们会恢复自信，能重新感受到别人的爱。

安排“专门时间”与孩子在一起，可以为我们能较好地处理孩子的愤怒打下重要的基础。对于那些令人担忧的“危机时刻”，“专门时间”的作用就好似一种解毒剂。在“专门时间”里，我们允许孩子以他们自己的语言和方式同我们交流。当我们给他们以关注，设法让他们欢笑和发现世界时，他们就更加确信我们对他们的关怀，能够意识到我们爱他们之深正如他们爱我们一样。

我们自己小时候在生气时很少有人能心平气和地对待我们。碰到运气好，大人们不打不骂，只是让我们走开“冷静一下”。可我们许多人并没有这样幸运。父母们无法忍受我们的怒气，他们自己已经太烦恼了。无法忍受他人的怒气仿佛是我们从前辈那里继承的“遗产”，所以有必要对愤怒的情绪作一番剖析。

怒气掩盖着伤痛和恐惧

愤怒的孩子看起来气势汹汹，其实他的内心是惊恐不安和悲伤的。一件很小的事会使他感到自己受到严重威胁，而且他除了奋起反抗外别无选择。他还感到孤独，认为没有人能理解他，没人愿意向他伸出救援的手，所有的人都想伤害他。孩子天生渴求温情和友善。如果你看到一个孩子正在狂暴地打他的亲人，你可以假定他正处于极度的痛苦之中。他是以这种狂暴的方式让人们注意这个事实：他受到了伤害，需要帮助。

孩子悲伤的时候，哭泣可以排除他们的悲伤。孩子害怕的时候，哭泣、发抖和出汗可以消除他们的恐惧；孩子遭受挫折的时候，发过脾气之后他们能够重新感受到生活的美好。但是孩子愤怒的时候，却没有确切的、与生俱来的康复途径可循。愤怒好比一道铁丝网，父母必须越过它才能靠近惊恐而又充满痛苦的孩子。一旦学会如何靠近愤怒的孩子，我们就可以帮

助孩子摆脱造成他们愤怒的主要原因——惧怕和痛苦。

当孩子感到处境危险，或经常独自一人、无人做伴，或见到别人受到伤害，都会强烈地感到恐惧。在这种时候，他们几乎总会由于过度惊恐或为恐惧所压倒而无法抗争。面对危险，正常的反应是全力抗争，然而巨大的恐惧会使孩子处于消极状态。他们会退缩、发呆，或默不作声以求逃生，这些骇人的时刻会给孩子留下深深的印记。在脱离危险之后很久，他们仍然会感到惧怕。他们的惧怕既来自那件他们所遇到的可怕的事物，也来自在那次遭遇中自己陷入完全被动的处境的体验。

你只要回忆一下自己做过的最可怕的噩梦，就可以知道什么是恐惧。我们大多数人都梦到过自己在该拼命逃跑的时候却迈不动腿，要喊救命的时候却发不出声。人们在这种陷入绝境情况下的感觉与深藏在许多孩子心中的惧怕很相似。

很小的不快可能会触发孩子很久以前的经历留下的恐惧感。尽管此刻他并未面对严重威胁，他的行为正如那次一样，因感到孤独和惊恐而作出自卫的反应——愤怒。如果他是个幼儿，坐在他旁边的小朋友若挤了他一下，他会伸手抓他的头发；大些的孩子在受到别的孩子逗弄时，可能会大打出手。当然，此时这个孩子的反应是没有道理的——此时并不存在实际的威胁。愤怒的孩子是在与一个不存在的敌手争斗。昔日的恐惧仍然缠绕着他，使他误把那些无害的事物认成昔日危险又重现了。你肯定已经发现，此时告诉他没有必要紧张是毫无效果的。有效的方法是陪伴在他身边，帮助他处理他的恐惧和悲伤。

一个孩子不可能告诉你说："我怕得要命，就像当年我出世前在妈妈肚子里憋了三个小时那次一样给吓坏了。"但只要别的孩子挤碰了他，他就会惊慌失措，或大发脾气。他也不可能说："我吓坏了，就像我去年那次碰伤了头一样害怕。"可当你要帮他处理擦伤的膝盖时，他却会踢你，要你别碰他。以往可怕的经历的各个细节会留在孩子的记忆中，深深地影响他的思维举止，但又不总是能为孩子自己所意识到。孩子通常不可能直接处理有关的经历。那些记忆就像扎在肉中的刺一样，会干扰孩子的日常生活，使

孩子甚至在别人要关怀和亲近他时也作出愤怒的反应。你可能从来也不知道孩子的有关记忆是什么。好在孩子不需要我们完全了解他们的内心活动。他们在试图排除那些使他们“失常”的情绪时，只需要我们的关注。

当你试图帮助处于愤怒情绪中的孩子时，你将面对的是某种压抑已久的孤独。或许是由于孩子在需要帮助的危急时刻未能得到帮助，或许是由于他在惊恐之中无法感受他人的帮助。在这两种情况下，孩子都会感到为世人抛弃，孤独无助，尤其对你特别失望。这当然是既不公正也不理智的，可事情看来就是如此：孩子感到危险和无助时，他们会让自己的情绪反应——通常是愤怒和不信任感指向他们最亲近的人。

当然，你不该受到这样的对待。你已经尽力去爱孩子，和蔼、守信、慷慨地待他，孩子却叫喊着说：“你从来不关心我，你一直很坏，只考虑自己。”帮助愤怒的孩子不是像野餐那样轻松的事。但是如果你此时急于为自己辩护，要“澄清事实”，就不能集中注意力于孩子。因为他需要先告诉你，他对你有什么想法，然后才能接受你的帮助。一边给予关注，一边倾听孩子情绪激昂地诉苦，应该是最奏效的做法。请记住，孩子此时内心充满惊恐和悲伤，希望能找回对你的信任，所以他最终会趴在你的怀里大哭，感受你的保护和对他的爱。

你也需要帮助

尽管他对你发怒，坚决要你走开，对你不信任，你也要慈爱地留在孩子身旁。孩子会努力要把某个隐藏得很深的伤害驱逐出去，但是还没有感受到足够的爱使他能够做到这一点。此时，你不能强使他感到被爱，但你可以坚持给他以关怀，直到他把那个伤害排除掉。经过尖叫、发抖、冒汗和大哭这些能释放出隐藏在深处的伤痛的（令旁观者感到心烦意乱的）过程，孩子会惊喜地发现，在他一直对你发火的时候，你始终在他身边。

要帮助孩子排除愤怒情绪，你得有精力、时间，还得相信在这个暴跳如雷的孩子的身体里有颗温柔的心，还需要一些经过练习才能学会的技巧。

但并不是每次孩子愤怒时我们都能具备这些条件，我们也很少有人在这方面有经验；这就有些像学耍火棒：先学耍简单的物件，再试着耍未点燃的火棒，最后再耍点燃的火棒。先练习倾听哭泣的但并不愤怒的孩子，你需要体验如何帮助他渡过悲伤，而他需要学会在自己困难的时刻能信任你。然后，在他发火的时候试着平静地留在他身旁，倾听他体验恐惧的全过程，从中你也了解到有关的康复过程。你很想看到孩子摆脱苦恼不堪、怒气冲冲、不可理喻的状态，恢复他原来可爱、懂理的样子。那么现在你可能已经在你和孩子之间建立起足够的信任感，可以再进一步了，你就可以开始“穿越”他的怒气了。

我们这个社会里的成人很少有能帮助愤怒的孩子的。我们大多数人就曾因为表现了自己的愤怒而受到威胁或打骂。面对愤怒，我们不能保持冷静，因为我们的父母也是如此。想尽力帮助孩子摆脱愤怒情绪的父母们理应得到帮助，以便先清除掉他们被孩子的怒气所激起的不安情绪。要帮助孩子，关键在于我们自己也能获得帮助。

我们自己的愤怒情绪，正如孩子的一样，也植根于悲伤和恐惧。愤怒和恐惧搅扰着我们，我们害怕失败，害怕孩子失败，害怕我们承受不了做父母的压力。请找一位能关注你、倾听你的朋友：对他谈谈你自己，你的孩子，你的希望和你的失望。随着朋友的倾听和关注，到了一定的时候，你会有足够的安全感让自己落泪和发抖，尽管这样做对你很难。向别人倾诉以释放自己的烦乱心情能增强你的耐力，从而更好地承受在试图倾听处于愤怒中的孩子时会遇到的各种刺激。

倾听愤怒的孩子的要领

这里给你一些提示，有助于你帮助孩子治愈掩藏在愤怒之下的恐惧与悲伤。

(1)如果孩子显得很愤怒，你要留在他身边，尽可能了解问题的本质。“你怎么把我最后一根渔杆拿走了？我还没做好呢！”在这种情况下你要做

的第一件事是仔细听，弄明白究竟发生了什么事。偶然发生的愤慨和发火的外在表现与愤怒很相像，都是提高了嗓门说话，但本质上与愤怒很不同。愤怒情绪往往显示出本人的紧张、不友善和心情恶劣。不能一下子就辨明孩子到底是在就事论事，愤愤然地向你讨公道呢，还是以愤怒掩饰别的什么(有时孩子也会由起初的愤慨转而为愤怒情绪包围)。你要走近孩子鼓励他说下去："怎么回事？""还有什么？""你想要什么东西？"如果你从孩子说话的口气中感觉到有怀恨的、不信任的、紧张的情绪，那就是孩子对你有戒备。不过，如果他很愤怒，同时又大哭、冒汗和发抖，就是说触及深层的恐惧和悲伤的治愈过程已经开始了。你的关注已经起作用了。

(2)估量一下你自己的心境。此刻你是否头脑冷静，能够倾听。当孩子处于愤怒状态时，你最好先估量一下自己此刻的耐心和注意力。你是否有时间？是否能不因孩子的情绪而烦躁不安？是否已经做好思想准备，愿意为帮助孩子而承受一次艰难的体验？如果回答是肯定的，你就可以开始去做了。如果你感到受到攻击或被激怒了，你的注意力就会在自己的情绪上，而不是在孩子身上，这时你无法帮他。你也许应该先试着打破愤怒情绪对自己的控制，给朋友打个电话，或找个地方——卧室、盥洗室、车库什么的——让你可以大喊大叫、跺脚、捶打不易碎的物品等，这些可以帮助你恢复积极思维的能力。如果你能哭出来或能发抖，你的部分紧张情绪就能随之宣泄出来。我认识的一位母亲在自己怒火上升的时候把自己锁在浴室里。她望着镜子里的自己，捶着洗手池，对着自己喊："我是个好母亲，不该受这样的罪。"她会为生活的艰难痛哭5到10分钟，然后心情轻松地走出来，准备好要平心静气地对待孩子。当我们自己怒火中烧时，千万不要勉强去接近孩子。在我们无法抑制自己的愤怒时，要注意避免让自己的情绪伤害他人。我们还应当允许自己在试图倾听孩子时，根据自己的情绪随时调整或中止进程。当我们开始反驳孩子或与之争执起来时，就该暂停或干脆放弃这种尝试。你可以说："现在我帮不了你了，我不想和你争吵。等我平静下来时我再回来。"如果你的怒气升起得太快，你也可以站起来就走，等你到别的地方发泄过怒气之后再对孩子作解释。这些做法是孩子能够

接受的。这些应急措施能够及时终止你在学习如何倾听孩子的过程中可能出现的失误。

(3)给孩子以温暖与亲情。不要勉强孩子接受,但要不断给予,要努力“坚守阵地”。愤怒中的孩子需要探明他不会失去你的关怀。你要冒着他对你的攻击努力靠近他,向他表明你要和他在一起,他对你很重要。当他意识到不论他如何对你,都不会失去你的关心和爱护,治愈悲伤和恐惧的过程就会开始。你应该全神贯注地听他宣泄,不要因为他的情绪使你感到难堪而退缩。当你向他伸出双臂或要轻轻抚摸他时,他可能认定你是世界上他此刻最讨厌的人,他至少会用言语来打击你,说你在他心目中有多糟:“我恨你!”“你老让我觉得自己不行!”“你从来不听我说话,现在你还是不听!”“你在这儿让我更生气,快走开!”当他还不想向你显露掩盖在愤怒下的创伤时,你会听到这类的恶言恶语。

(4)留在孩子身边,继续倾听。孩子可能试图避开你,要独自待着。他会对你说他需要这样,你跟着他只会增强他的愤怒。这时你可能会有些把握不住了,受到对方的敌视还能保持冷静对于我们毕竟不容易,何况他的抨击性的话还提醒了你,从前你的确有不肯听他讲话的时候。这时,你要坚持去接近他,使他能感受到你想帮助他的意愿,并且确实在考虑他的话。也就是说,如果你被命令“走开”,你就说:“好吧,我就后退几步,可我真想过去挨着你在床边坐下来。”此时的情况很微妙。孩子正陷入与掩藏很深的创伤有关的情绪之中,没有足够的安全感使他能够在任何方面信任我们。不管公平与否,他们把自己的问题归咎于我们,讨厌和我们在一起。不过尽管有各种短处,我们在此时此刻是他们生活中最少威胁、最亲近的人,也唯有我们能够在他们遇到麻烦时伸手帮他们一把。可以说,当孩子把愤怒的矛头指向我们时,他们是在激我们,要我们去了解他们。如果他们已经不相信我们对他们的爱,他们会躲得远远的,不会激烈地与你争斗。这个愤怒的孩子是在以正话反说的方式称赞你,在给你的奖牌上刻着:“此人不可怕,可以对他发火。”

(5)对孩子解释你为什么要留在他身边。孩子需要你解释为什么在他

要求你走开之后你仍然想“赖着不走”,你的解释应言简意赅。但我要预先警告你,孩子在平静下来之前是不会理解你的解释的。愤怒中的孩子是听不进任何道理的。那么你为什么不走开呢?因为,以前你曾按他的要求走开了,却并没能使他平静下来。所以这一次你决定不走开。还因为,当他情绪这么糟时不应无人陪伴。再则,如果你不走,他只是感到你很讨厌,但如果你真走开了,他会觉得你并不是真的关心他。你不走是因为你爱他,要和他在一起度过他最困难的时刻。重要的是你要想办法让他意识到你正在竭力好好地爱他。

(6)如果孩子对你拳打脚踢,要注意自我保护。如果你能应付,不要走开,让他打。当你慢慢地、谨慎地走近孩子时,他常常会作出在从前某次遭遇险境时,他要作而未能作出的激烈反应。以前受过惊吓的孩子看来不会在再次感到害怕时只是坐着哭。这次他不愿意再处于被动地位,再加上你——作为一个安全、明确的目标——就在他眼前,他可以把你当做上次遇到的那个威胁来对待。这能帮助他处理那些深藏的、以为自己是受害者和不被人爱的感觉。接近孩子的关键通常是:在他攻击你的时候,你的关怀总能打开他泪水的闸门,并使他能够发抖,最终在感情上把他重新带回到你身边。

(7)不要让孩子在愤怒中打坏有价值的物品,或伤害别人。打破一只普通的杯子或撕坏一本杂志没有关系,但不要让孩子毁坏你或别人的心爱之物,因为孩子在事后会感到内疚。你必须在不伤害或动手打孩子的前提下,及时阻止孩子的破坏行为。比如,把踢妹妹的他从妹妹身边拖开,牢牢握住他想摔的玩具,把他按在你的膝上不让他揪盆花的叶子。总之,允许他表现自己的情绪,允许他用力挣扎,但要及时阻止他的毁坏行为。

(8)克制自己要说教、斥责或批评孩子的欲望。与愤怒中的孩子是无法讲道理的,试图表明你是“对”的,孩子是“错”的,只能使孩子认为没有谁真正在意他。如果是因为你的合理的要求引起他的愤怒(“你骑车时必须戴上头盔,”或“我不能让你看这个电视节目”),此时就不要对他长篇大论地讲你的理由。你只需坚持你的要求,爱抚他,关注他,留在他身边,允许

他大发雷霆。如果你能保持亲切温和的态度,他最后会发抖、哭泣,然后平静下来,能够记起你对他的爱。一旦他能与你沟通,他的判断力就会得到恢复,也就可以理智地与你讨论问题了。很可能,这时已没有必要进行你的对与错的说教了。

下面举例说明怎样有效地帮助愤怒中的孩子。一个家庭由两个儿子——分别是12岁的弟弟、14岁的哥哥和他们的单身母亲组成。小儿子经常要与哥哥争高低。他们的生日相隔三个星期。由于哥哥的生日在前,弟弟容易觉得自己是第二,所以过生日总是件敏感的事。这年,母亲记起小儿子的敏感,就特意在哥哥过生日的那天问弟弟想要什么作生日礼物,她仔细一一记下,包括一把书桌椅,类似于她当天送给长子作生日礼物的那一把。

到了弟弟过生日那天,母亲送的特别礼物是一把书桌椅,与哥哥那把颜色不同。弟弟却大发脾气:“你为什么送我这个?我没有要它!我跟你要过书桌椅吗?你心里根本没有我!你心里只有兰迪(哥哥),把他要的东西拿来给我!你就是想不出特别的东西给我!这是我过的最糟的生日!”这样一串激烈言辞之后,他挟着怒气冲进一间又一间屋子,然后要使劲摔那把新椅子。母亲在后边追着他,抓牢椅子不让他摔。她平静地对他说,是他自己曾提出过想要一把书桌椅,然后道歉地说:“我很遗憾你不喜欢它。”“我的确想要送你一件好礼物。今天是你的生日,你在我心目中占有特别的位置。”“我非常爱你。我决不愿意伤害你的感情。”“如果我做错了,我很抱歉。”她持续地对儿子说着这些话,慢慢地走近他。儿子在自己的床上坐下来,她靠近他坐在地板上,把胳臂放在他腿上。她知道,儿子现在至少可以用目光的末梢看到她正望着自己的眼睛。

她对他说:“皮特,自从你出生那天你对于我就非常宝贵。那天看到你,我快活得好像要飞起来了。在我眼里,你那时是美丽的,现在你依然是完美的。”她说着说着,儿子开始哭了,他伸出一只手扶在她肩上。她起身坐在他身边,搂紧他,他哭得更厉害了。过了一会儿,她问道:“你想再多知道一点儿你小时候我有多爱你吗?”他点点头。于是他们一起躺下来,儿子

面对着墙，时断时续地哭，任由母亲搂着他，给他讲有关往日的幸福的回忆。这样过了一个半小时，儿子爬起来吃了些东西。又过了一会儿，他找到母亲，对她说他还是很喜欢那把椅子的，他很高兴母亲给他选了蓝颜色的，那色彩在他房间里很悦目。

这位母亲认识到隐藏在儿子的愤怒情绪后面的东西正是她所预料到的，她在处理这场风波时尽量不犯错误。她尽力不让自己因为“选错”了礼物而感觉太糟，意识到这场风波可以有个积极的结果。如果皮特能够因为觉得别人不看重自己而大哭，她就有机会帮助他卸掉一个经常烦扰他的错误想法。她准备如果第二天皮特仍不喜欢那把椅子作礼物，他们就再一起谈谈。而此刻，她要专注地听，要靠近他，试探合适的途径，一点一点地把自己的爱传递给他。她把注意力集中在重要的问题上，也就是她对儿子的爱上，尽力不让儿子的狂怒行为、羞辱性言辞或他表面的失望情绪影响自己。

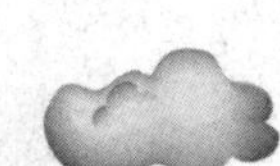

暴力问题

帮助孩子处理掩藏在愤怒之下的恐惧时，你面对的孩子经常是处于好斗状态，对你拳打脚踢。很多人认为，当孩子开始动武时，父母应当避开他，命令他住手，不应当允许孩子使用暴力，这差不多是正确的，确实有必要防止孩子造成任何伤害。但是，口头命令对于情绪冲动的孩子一般不但不会奏效，反而会火上浇油。成人的、果断的(并非粗暴的)干涉行动会有效得多。比如，抓住孩子要掷出的一本书，拦腰抱住正在猛抽乱打的孩子，把他正揪妹妹头发的手指掰开，等等。然后，在确保不会发生伤害的前提下，如果我们允许孩子继续通过激烈的动作宣泄愤怒情绪，对孩子会有很大益处，因为随后孩子会哭泣、发抖和冒汗，直到摆脱旧日伤害引起的恐惧。

每个孩子都不认为暴力是解决问题的途径。当他们在愤怒中试图伤害朋友、弟弟、妹妹或你时，他们是在吁请干预和帮助。他希望成人的干预

有力而又不至于压垮他或使他受到羞辱。他是想努力打赢一场他曾经输掉的战斗。他要战胜驱使他攻击别人的恐惧感和自我仇恨。

孩子的愤怒可能是针对不公正

有时,由于我们或其他成人未能善待孩子,孩子有充分的理由感到气愤。不尊重孩子的情况在我们的社会中很普遍。当有自信心的孩子受到委屈时,他们会迅速、强烈、高声地抗议,但并不想伤害任何人,他们的目的是要人倾听并争得公正。一个发怒的孩子会毫不含糊地对你(或别人)说,他认为你的话是轻率的或不公正的。

“不要那样对弟弟讲话！你们对他太不好了！快闭嘴吧!”

“别因为我丢了家庭作业就说我笨！我不笨！以后不许再这样说我!”

“你们认为那些留怪发式的小伙子是罪犯！你们完全错了！我要你们停止侮辱我的朋友！我再也忍受不了啦!”

这些例子说明了孩子会如何维护他们认为是正确的东西。婴儿和学步的孩子也会要求得到尊重。虽然他们不会说话,但态度绝对认真。人们天生期望得到爱和尊重。只有疾病或反复的虐待才会消磨人们为正确事物而斗争的意志。

当父母们为了抚育孩子几近精疲力竭时,有孩子来阻止我们的粗暴或不公正应当是我们的幸运,即使他们是在向我们的行为挑战。我们毕竟希望孩子们保持敏锐的公正意识,坚持得到他们应得的尊重。他们常常很好地抵制了我们那些令人厌倦的、荒谬的、恼人的话和举止。

当孩子觉得自己或自己所关心的人受了委屈,他会很愤怒。我们最好的反应就是任由他的愤怒爆发出来,听他说些什么,看他是不是有道理,再看看我们能做些什么。如果发怒的人得到倾听并得知有切实的补救办法,事情就会迅速了结,情绪也随之归于平静。我们能够采取的补救办法包括道歉、修改决定、同意重新讨论有关问题,等等。如果你先倾听,然后与孩子把事情理顺,他会对你对自己都很满意。

当我的两个儿子陷入不可避免的争执时，我有时会先听一会儿，待到我确信其中的一个有错，我会很生气地介入，责备一个，袒护另一个。很多时候，我袒护的那个儿子会朝我大叫："走开！妈妈！你责备他，可你根本不知道是怎么回事！你联合我一起反对他，把事情弄得更糟。这是我们自己的事！"我会一跺脚走开，既吃惊，又委屈。儿子们会再接着争吵，互相大发其火，但不必再来应付心烦意乱的母亲。他们对我太苛刻了吗？不，他们是对的。他们有道理吗？是的，他们为解决问题而争执，而我的指责只会增添问题。每次介入他们的争执时他们都对我大叫了吗？没有。只要我通情达理，只问中肯的问题，而不是责备他们之中的某一个，他们经常会接受我的帮助。孩子的愤怒会使我们避免漫不经心地对待他们或其他人，他们良好的公正意识可能是我们生活中真正的礼物。

允许你自己在学习中犯错误

不要由于你在试图使用这里介绍的方法去帮助孩子时会犯错误而感到不安。方法不复杂，但孩子们确实会搅得我们心烦意乱。我们实在太想来一个"以牙还牙"，或对孩子大讲我们的道理。

请记住在准备迎接下一个挑战之前，先找一位好的倾听者对他诉说内心的想法，这可以帮助你减轻你在做父母的困难时刻常有的孤独感。这样的支持可以让你比较轻松地去接近愤怒的孩子。你会渐渐地、稳步地培养出自己承受愤怒的孩子的攻击的博大能力，从而使孩子重新意识和感受到你们之间的爱。

提示与思考

1．小时候当你表达自己的愤怒时，是否有人倾听？

2．对于你，倾听一个处于愤怒情绪中的孩子，最大的困难是什么？

七、对孩子说"不"

小孩子的行为很少是文质彬彬的。他们对于自己感兴趣的事物总是充满热情,毫不踌躇,急不可待地去了解和尝试。孩子是天生的实验家、哲学家、艺术家和处理问题的能手。他们乐于做他们自己,保持自己的个性,自己做决定。他们那股初生牛犊不怕虎的劲头,胆大直率,待人的真诚,常会打动我们成人。

尽管孩子天性活泼可爱,他们(就像我们成人一样)也会有"失常"的时候。他们的情绪会"晴转阴",变得很不可爱。父母们常常会弄不明白,一个平时可爱聪明的孩子怎么会突然为了怎么切自己的烤面包而发这么大的脾气呢?为什么刚才还和你玩自己喜欢的游戏的孩子突然会为了该由谁把茶点从厨房端到桌上而大哭大闹呢?

当小孩子"失常"的时候,他们变得很难理喻:他们不理会身边发生的事情,行为"脱轨",做出没有意义的、让别人讨厌的举动。这使我们陷于困境:我们想帮助孩子,可孩子就是蛮不讲理。不论你怎样努力,都只是让他们越发地不可理喻。我们该怎么办?当孩子变得不可理喻时,他们是在向我们求助。他们需要我们对他们说"不",需要确定我们是否关心他们,需要重新恢复彼此之间的感情纽带。

儿童需要保持与成人的感情纽带

儿童的基本需要包括与成人的感情纽带,就像他们需要营养、水和睡眠一样。密切的亲子关系有利于孩子的成长。和自己的父母或与其有重要关系的成人保持牢固的感情纽带,会让孩子有良好的自我感觉,乐于学习、探索,给他人关爱,并成功地应对生活中的挫折。神经生物学、脑发育

研究和心理学领域的成果让我们了解到,人类大脑是一个高度发展的社会结构,人们的思维通过许许多多的无形通道彼此联系。孩子在幼年时与温情的、积极向上的成人的交流尤其重要。这样的交流有利于孩子的智力发展。

当孩子感觉与父母关系亲密时,其大脑神经通道就保持畅通,使其能够感知、记忆和思考。孩子的智力每天都在增长。正如他们的身体发育需要食物一样,孩子的大脑发育需要一位成人能够读懂他们发出的各种信息,并以关心和支持的态度给予回应。婴儿通过长时间地注视父母的眼睛建立感情纽带,他们需要父母的目光、搂抱和关注。慈爱的目光、轻轻地触摸、柔和的声调、温馨的话语,都为幼小孩子的大脑发育提供着营养。

孩子的脑干——大脑的自我保护中心,承担着协调反应、心率、呼吸以及其他基本生理机能的工作。脑干没有探测到任何危险,所以对身体各部位发出"一切正常"的信号。

孩子的边缘系统——神经系统中的社交和情感中枢,负责感知孩子身边的人的情绪。边缘系统就像雷达的波束捕捉信息那样,持续发出探寻的波流:这里有人了解我、喜欢我、关心我吗?它能通过对方非语言的信号,比如眼神、触摸、面部表情、声调和肢体动作读解对方的反应。无需语言,这些信号就能表现出一个人的内心状态。如果关心孩子的成人发出的信号是"我在这儿,我喜欢你,我陪在你身边,"孩子的脑干就能感知到安全,孩子需要的感情纽带就建立起来了。孩子的缘系统就可以与大脑神经的所有其他部分协调通联工作。这时孩子会感到安全、自信、一切都好,会热切地期待探索任何新鲜事物。

孩子的前额叶皮层——理性、冲动控制、短期记忆、判断及注意力管理的神经系统部位之所在,负责规划复杂的认知行为、个性表达、决策和调节社会行为等复杂的认知功能。当孩子的脑干说:"没有危险,"他的边缘系统说:"很好,有人在这里照顾我,"孩子的前额叶皮层就开始工作了。当整个神经系统协调工作时,孩子就能记住学到的新知识,掌握新学到的技能,并且不断改进自己的判断力。

当孩子能够感知这种感情纽带时，就感到安全，感到被爱，感到与他人的亲密关系，其智能就能全速运转，能够认知、与人合作、在自己想要什么和需要什么的事情上也会很通融，还会注意到他人的需要。比如，孩子能把注意力放在自己感兴趣的事物上；能在你的帮助下第一次穿上旱冰鞋，欢喜地试着在人行道边滑行；能够关心他人，与他人分享，允许自己的小姐妹或小朋友玩自己心爱的玩具；能够耐心等待母亲给小弟弟喂完奶后再和母亲玩，在放学回家的路上不会打扰开车的父亲收听他心爱的广播节目；父母不在身边的时候也不会感到不安，重新相聚时会感到与父母更亲近。

正是由于感情纽带给了孩子所需要的足够的安全感，所以他们能很好地认知，也能很好地与人相处。

所以，你是否能够与孩子建立感情纽带对孩子至关重要。孩子能接受并感受到你温暖的关注，就会欢迎任何新的体验。如果一天里能多次感受到这样的关注，他们就学得又快又好。

总之，与人的密切关系促进孩子大脑的发育，促进孩子全面地运用自己的智能。

孩子在整个儿童期都会对这种感情纽带有很强的依赖。所有这些是孩子每天都需要的。与成人之间的感情纽带能给孩子以力量，使他们自我感觉良好，有足够的安全感去学习和与人交往，并随着年龄的增长，增强自信心，对生活保有乐观的态度，能够从容无畏地面对新挑战；能逐渐增强自己的识别能力，知道应当与谁为友，善于解决问题。

孩子很容易丧失对感情纽带的感知

对于感情纽带的感知虽然能给予孩子力量，但这种感知也很脆弱。一个粗暴的词语，一个生气的眼神，就能让孩子丧失这种感知。和父母分开一段时间也会影响孩子的感知。成人之间的争吵和不快感情的发泄都会影响孩子的感知。实际上，目睹成人之间的粗暴对待、互不尊重会吓坏孩子，使他们无法感知他们与成人的感情纽带。还有很多成人看来是微不足

道的事物，比如咆哮的狂风、狂欢节游行中突然冒出的喧闹，都可能让孩子们由于不理解而感到害怕，中止对感情纽带的感知。

父母在竭尽全力为孩子创造亲切、安全的环境，但孩子对此的感知随情绪的变化而变化。父母每天24小时的温暖轻松的关怀是帮助维护孩子的感知的必要条件。然而要满足这个条件很不容易，特别是在这个很少给予双亲或单亲家庭支持的社会。

于是，不管我们多么努力，孩子对感情纽带的感知在一天内仍会被中断多次：

你可能发现孩子在晚饭前看了几小时的电视之后，莫名其妙地从刚才的乖孩子一下子变得执拗、爱闹别扭。看电视之前，他还在高高兴兴地自己玩。看完电视后，很小的事——比如让他摆摆碗筷、坐在指定的椅子上等，都会惹他发脾气。你会纳闷，孩子究竟中什么邪了？

或许你正在一边整理衣物，一边随意瞄两眼正玩得高兴的儿子和他的小妹妹。电话响了，你去接电话，说了有10分钟。你转身回来发现两个孩子正大声吵闹，你会纳闷："他们俩怎么啦？就不能离开他们10分钟？"

或许你计划好今晚外出，已经盼了好几天了。所以你心情不错，对孩子也极有耐心。这时原先答应来代你看管孩子的人来电话说不能来了。片刻之后，孩子说想喝一杯牛奶，你一下子就爆发了。你对他说该自己去倒牛奶喝。你的怒气在上升，认定孩子这会儿应该立刻去收拾自己的玩具，房间太乱了，可从来都是你自己收拾，没人帮忙。

发生上述的情况既不是孩子的错，也不是父母的错。电视和打电话看起来并不会产生严重危害，但是在生活中它们像其他很多事物一样会损坏孩子与成人的感情纽带。就父母来说，每天长时间的工作以及各种担心、焦虑会让父母有一种孤独的心境，会蚕食掉他们的好心情，使他们麻木，以至觉得很难有精力去关注孩子。

丧失对感情纽带的感知的孩子无法正常思考

当孩子感到危险、沮丧或无法感受到你和他之间的感情纽带时，他的前额叶皮层就停止活跃，孩子实际上就无法正常思考了。这是瞬间发生的事。你已经无数次遇到这种情况，你自己也曾发生过这样的情况！(我们的边缘系统有时也不能履行职责去协调大脑各部的运转，不能对各部发出“一切正常”的信号，不能协调对接收到的信息的处理。负面情绪淹没了边缘系统，会让我们陷入片刻的甚至长达数小时的烦恼与不安。在这种情况下，受到情绪的困扰，我们不可能有好的思考，也不大可能对身边的人有好的态度。)

当孩子感受不到感情纽带时，他的情况就会变糟，使他受到的伤害不亚于折断一条腿。当你的孩子感受不到你们之间的感情纽带时，他的正常思维就中止了，既意识不到父母是爱自己的，也想不起自己喜欢谁。此时他失去了判断力。他会不理睬任何人，对任何事都没兴趣，或沉浸在极端的一人世界里，或无端对人发火。他无法放松，不能与人合作，不论你说什么都不能理智地回应。可以说，不再能感知感情纽带的存在，导致正常思维的中断。

孩子如果意外骨折，立即会感到剧烈疼痛。我们都会意识到孩子此时需要帮助，孩子也会立刻得到帮助。但是，当孩子的正常思维中断时，我们文化传统一贯的做法是责怪孩子，对他责骂、说教、惩罚，或孤立他。我们会指责孩子试图操控我们。我们看到孩子反常的举止，认定孩子故意要这么做。我们常常以为孩子这样不理智，是故意让我们为难。

然而，这些想法实在是大错特错。事实是，孩子天生乐于和我们交流、游戏、合作、和睦相处。当他们感受不到与成人之间的感情纽带时，是因为他们受到了伤害。尽管这是情感上的伤害，但其严重性不亚于一次骨折。正好像孩子不会自己要骨折一样，他们也不会自己要受到情感伤害。情况的产生是因为他们的生活中发生了什么事。

孩子受到情感伤害后会变得很脆弱

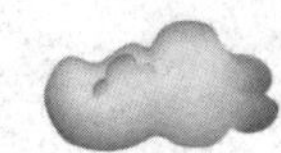

孩子受到情感伤害后，会丧失安全感，自信心也会遭到破损。以后遇到类似的情景，他们的正常思维也同样会受到影响。比如，你的孩子在商店里由于有一会儿找不到你，受到惊吓，那么这个经历会牢牢地印在他的记忆中，尽管只不过是一场虚惊。在那短暂的时刻，他感到孤独无助，没有了安全感，也无法思考。以后，当你想把他单独留在学校或幼儿园时，他又会感到惊恐不安。尽管没有任何危险，他就是不能正常思维，感到的只有恐惧和无助。这种感觉尽管是上次经历留下的，仍能左右孩子的情绪。

某些情形带给孩子的伤害程度之深足以摧毁孩子与生俱来的生活热情和对他人的信任。与受到一只狗的惊吓或邻居的责骂这类偶然发生的伤害不同，深度伤害会严重影响孩子的生存状态。深度伤害可能让孩子不能感受到爱，不能相信他人，不能意识到自己的可爱，不相信自己的学习能力。

孩子自己很难从这种深度伤害中解脱出来，会长年累月地在它们的阴影下挣扎。人们很熟悉的例子是再婚家庭中的孩子。父母离婚带给孩子的伤害常常会影响他对继父母的态度。即便继父母充满爱心，孩子也无法感受，即使他在新组成的家里有很好的生活，也没有好的心绪，因为深藏的伤害会时常发作。

由于这些藏在内心的大大小小的伤害，以及它们不时地被触动，孩子才会变得反常。但孩子们不应为此受到责备。为此而责备孩子只会让孩子离我们更远。我们需要做的是设法让孩子重新感受到我们之间的感情纽带。

孩子无法正常思维时会发出求助信号

正如所有营养食品都会有难以消化的成分，每个愉快的日子都会有令

人烦恼不安的时刻。也正如我们的身体有个良好的系统能处理易消化的和不易消化的食物一样,我们和孩子也都有一个好系统能帮助我们从每天都会发生的烦恼中解脱出来。

和每个人一样,孩子从出生起就有健全的情绪修复机制。当他们感到不安、不能思考时,就知道自己有什么地方不对头了。他们不喜欢这样,也不会默默地忍受这种状况,而是会立刻努力改变这种状况。他们知道自己需要帮助,并让成人也知道这一点。

然而,当孩子不能正常思维时,他们不可能充分考虑到父母的情绪。因此他们不会以温和的方式发出求助信号。在这种立即需要帮助的情况下,孩子往往会以下面两种方式发出求助信号:

(1)孩子会变得烦躁不安,大发脾气、大哭大闹或狂笑;

(2)孩子会变得行为怪异,做些不理智的、无意义的事情。

孩子的这两种表现都会让父母很头疼。在我们传统的文化中,孩子的这类表现从未得到恰当地解释。现在我们可以尝试从一种新的观点出发,以一种新的方式对孩子的上述表现说“不”,从而使孩子恢复对感情纽带的感知,恢复正常思维,恢复自己可爱的天性。

感到不安的孩子会试着治愈所受创伤

孩子天生具有治愈创伤的能力。当孩子感到不安,发泄出情绪,就表明他们正在尝试治愈所受创伤,试图恢复被切断的感情纽带。

只要有亲近的人能够倾听自己,孩子就会通过大笑、发抖、挣扎、冒汗、发脾气来治愈所受创伤。我们成人总是把这类情绪发泄看做是“不好的”“孩子气的”“没有自制力的”“想操控成人的”令人厌恶的表现。我们的文化告诉我们应该阻止孩子的情绪发泄。而实际上大哭大闹的孩子正在做着在他们的处境中最恰当、最符合逻辑的事。他们在排除自己的烦恼,使自己能恢复安全感,放松情绪。

孩子大哭过后会恢复良好的心态。孩子大笑有利于释放内心紧张情

绪，重新感知与成人之间的感情纽带（但是，胳肢孩子让其发笑不但不会有好的效果，反而常常会对孩子造成新的伤害）。孩子因为恐惧或愤怒而大喊大叫，同时发抖、冒汗，如果有你关切地拥抱，孩子就能充分宣泄，从而排除恐惧。孩子大发脾气的时候是在排除挫折感，使自己能重新清晰地思考。

只要孩子能得到他人关切地倾听，他们就能运用自己与生俱来的能力，通过上述方式，治愈所受创伤。再深的创伤也能够通过彻底宣泄得到愈合。

父母或其他与孩子亲近的人可以成为这个康复过程的关键角色。当我们靠近并倾听孩子时，我们就提供给孩子治愈创伤、重获对感情纽带的感知力所需要的爱和安全感。如果你靠近他、倾听他，他就会好好地哭一场或发一顿脾气，或者会弄出什么情况让自己大笑。这些情绪的表现意义重大。在你的关注下，痛快地笑、哭、发脾气能使孩子很快恢复，重新感受到你的关爱，重新变得通情达理、好学、乐于合作。

也就是说，当孩子大哭、大笑或者大发脾气时，淹没并抑制他的不安情绪就会被宣泄出去，而你的关注和倾听对整个过程有极大的帮助。

孩子在康复过程中最需要的是关切的倾听者

孩子大哭大闹时需要你在身边，需要你温柔的触摸、关切的眼神，需要你的呵护所给予的安全感，直到自己能够重新正常思维。孩子还会需要听到让自己安心的话语。你可以告诉他你很高兴在他身边，会保证他的安全，为他受到伤害感到难过。你可能会感到不可思议，但你温暖的话语和声调会使他哭得更伤心，闹得更厉害。孩子越感到安全，宣泄得越充分。

有父母在身边倾听的孩子有时会用更长的时间处理情绪。他们会先处理与刚发生的事情直接有关的情绪，然后接着处理更深层次的、与以前发生过的较大烦恼有关的情绪。孩子天生不喜欢背负不良情绪，所以只要有人倾听，就会不失时机的要占用尽可能多的时间把不良情绪“一扫光”。

不论孩子哭多久,你都守在他身边倾听他。允许孩子充分表达自己的感觉可以有效地帮助孩子平复情绪。假如孩子强要自己不能得到的东西,你就倾听他,给他关注,而不是给他想要的东西。这种做法与父母们在孩子大闹情绪的时候通常采用的办法很不一样,所以当你第一次尝试时,一定要先做好准备,包括鼓起勇气。

比如,有个孩子很喜欢和来访的阿姨一起游戏,他们一起在客厅里玩捉迷藏,练习翻跟头和倒立等体操动作,孩子一直开心地笑。然后,父亲过来说,就寝的时间到了。孩子不高兴了,开始跺脚、发脾气。爸爸坚持要带他到洗手间刷牙,可他不肯去,大哭起来。

如果此时爸爸搂住孩子,对他说:“我知道你还想玩,可是现在你该刷牙了。”望着孩子的眼睛,倾听孩子,那么孩子的情绪就会表现出来,爸爸的关爱就有机会深入到孩子的内心。哭闹之后,孩子就会平静下来,觉得和爸爸更加亲近。他会很乐意地去刷牙,然后睡得又沉又香。第二天,他会显得轻松愉快,乐于学习。

带着早期创伤引起的紧张情绪的孩子会因为很小的琐事大哭大闹。我们不清楚孩子哭闹的真正原因究竟是什么,但可以肯定另有原因。每个家庭都有这样的情况。

总之,孩子闹情绪的时候,父母的关注会起很关键的作用——帮助孩子摆脱烦恼情绪,重建感情纽带。当你靠近孩子开始倾听他的时候,他的情绪会更激烈一些,持续一阵子,然后就消散了。他的被扰乱的边缘系统也会随之很快得到恢复。

如果在孩子闹情绪的时候你试图对其说教,结果肯定会令你失望。正在闹情绪的孩子没有注意力听你的说教,因为他的前额叶皮层已经不在工作状态了。但是如果你能关注地倾听,你就传递出孩子的边缘系统所需要的东西——表示温暖、安全的非语言信号,这些非语言信号为孩子的情绪恢复打开一条通道。

通常人们会认为容忍孩子宣泄“坏情绪”是在纵容孩子,孩子会变得“更不听话”。实际情况并非如此。近50年的研究表明,体罚或责骂往往会

使孩子的行为更加逆反，并降低他们的认知能力。

如果父母能长期采用倾听的方式对待闹情绪的孩子，孩子即使进入了青春期也依然能和父母保持亲密的关系。不论遇到多大的难题，情绪有多糟，他们也不会完全丧失安全感。他们知道父母能理解自己，能明白无论自己在情绪之中说了什么，都只是宣泄情绪而已；父母也知道孩子的那些情绪会很快消散，知道孩子闹情绪的时候是自己向孩子传递关爱的最佳时刻。

对倾听的丰厚回报

孩子完成自己需要的大哭、大闹、发抖的过程之后，你会注意到他的举止有明显的变化。孩子在宣泄掉自己的烦恼情绪之后会显得活泼、轻松、富于感情、随和，不再像刚才那样不理智。下面是一位母亲曾对我说的一段话，讲到她是如何教自己的姐姐倾听烦躁的孩子的：

当我的姐姐玛莎和她两岁半的女儿来看我时，玛莎告诉我，她和女儿爱琳的关系日趋恶化。她很灰心。我告诉她如何对待生气或沮丧的孩子，她如饥似渴地听我说。那天爱琳哭了很久。玛莎自己也哭了，但她仍然坚持着做倾听。后来爱琳又闹了几次。两个星期之后她们要离开的时候，玛莎说她觉得自己精神焕发，爱琳也重新像以往那样总是充满欢乐。玛莎很感激我。她从前以为爱琳容易发火是因为她不识好歹或不懂事。我听到玛莎对女儿说："心情不好没有关系。咱们一起坐下来，等你感觉好一点儿再说。"她的变化可真大。现在她能自如地处理女儿的情绪，能和女儿就情绪问题很好地交流。所以我要感谢你，感谢你告诉我们正确的做法。

1. 当孩子举止失常时，需要有人对他说"不"

当孩子的正常思维受阻，但没有足够的安全感使他能通过笑或哭来处理所受创伤时，他的举止就会失常。他会做出不合情理的、莫名其妙的事来：比如去伤害一只猫；把自己关在屋里；或对你所说所做的一切都不满意。这是在表示他自己出了问题，需要你出来说"不"。你说了"不"，他就

可以借机发泄，释放出负面情绪，恢复原来的自我。

对于处在一触即发状态的孩子，你温和而坚定地说“不”等于一件“礼物”。他正可以把你说的“不”“现在不”“我不允许你这样做”等当成发泄出致使自己行为失常的负面情绪的靶子。现在他可以充分表现自己的烦恼了。如果你能留在孩子身边倾听，那你的礼物就趋于完美了。

孩子会抓住机会排解掉自己的烦恼情绪，重新感受到你们之间的感情纽带。

2.说“不”的时候不要斥责、打骂孩子

孩童时期有成人对我们说“不”的时候他们往往已经很生气了，更经常的情况是，伴随着“不”字还有打骂。我们当中有些人小时候被打过屁股，挨过拧掐，甚至更糟。我们会感到被遗弃、不知所措，自己平日里亲近、依赖的人忽然间变得远不可及。我们的父母在说“不”的时候并不想伤害我们。有时候他们认为他们所做的一切都是为我们好；有时候是他们自己正在火头上，以他们父母对待他们的方式对待我们。如果他们能获得更多的信息和支持，他们会对我们平和些。不过，到目前为止，还没有父母得到过足够的信息和支持，所以他们往往照搬自己的父母的方式——对孩子大光其火。有些父母认为他们以粗暴的方式对待孩子可以使孩子将来能承受社会上的不公正待遇，认为孩子从小能经受住父母的粗暴，长大后才能适应外界的残酷现实。

我们知道，父母的每一次粗暴对待都会伤害孩子，加重孩子的不良情绪，从而使孩子丧失良好的自我感觉和判断力。当我们想对孩子发火时，我们应当首先寻找机会说出自己的感觉，直到我们能意识到这是个好孩子，他只是暂时处于困境。我们需要获得足够的支持才能够不那么容易发火，能够接受自己，接受孩子。有足够的支持，我们就能够持之以恒地把孩子的异常表现当做帮助孩子的好机会。

说“不”三部曲

人们彼此之间互相施加影响不会是那么轻而易举的，要对孩子说“不”也不例外。不过，有一个方法可以使你避免粗暴惩罚的模式，允许孩子在你说“不”的时候抓住机会，处理所受创伤。

1.倾听

当孩子的举止显得非理性时，你首先要做的是走到孩子的近旁倾听孩子，了解情况。要蹲下身子，靠拢孩子，平视他的眼睛，观察他的情况，询问他有什么问题。要他告诉你为什么要大喊大叫，为什么非要穿泡在盆里的那件蓝衣服。你要尽量抑制自己的不快，要帮助孩子，你需要关注的是他的感觉，而不是你自己的。

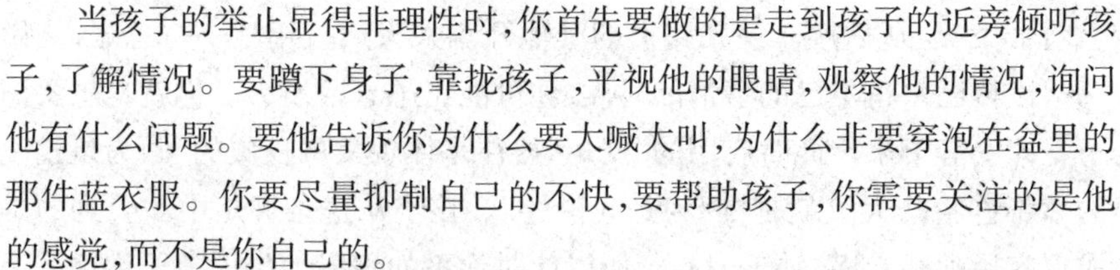

下面的问题直接关系到你下一步该怎么做。

(1)你的孩子是需要一点信息还是具体帮助？有时候，孩子需要的是信息和一点指导。如果孩子心烦是因为找不到另一只袜子，你可以建议他到什么地方去找。如果小弟弟在睡觉而几个大孩子要在屋里追着玩，那就告诉他们到外面玩。孩子一般会很乐意接受你的建议，尤其是当你不会因为他们的无知或忘性大而喋喋不休地教训或责备他们。

(2)你对孩子的期待是否恰当？有时候，孩子显得不对劲只不过是因为你对孩子的期待不适合孩子的年龄或能力。孩子的发展需求是多方面的，而成人并不是天生就清楚孩子在不同年龄段能懂什么，需要什么。更糟的是，成人世界并不把孩子的需要放在心上。于是，许多所谓“正常模式”对于一个健康、活泼、富于创造性的孩子来说只意味着束缚。

比如，你若有个3岁的活泼可爱的男孩每天早上都充满活力，那你就不该指望他能乖乖地在你身边待上半个小时等你办事，你注定会失望的。并不是因为他缺乏“自制力”，或是“故意把你的上午弄得一团糟，”而是因为你的期望不适合一个3岁的孩子。也许你想让自己连续几年有学习困难的9岁的儿子每天晚上都能自己温习半小时的功课，而他肯定会让你失望。

他目前已经由于学习困难而创伤累累，他需要的是大量的一对一的相互倾听、游戏和对他的欣赏。他能够重新鼓起自信的风帆，但需要很多支持、鼓励。

如果孩子经常达不到你的要求，可以找了解孩子的人——幼儿园或托儿所的老师或受孩子喜爱的成人求助。你可能会得到有用的信息和看问题的新视角。

(3)你是否处于良好状态？有时候，当孩子满屋子乱跑、熄灯后躺在床上哈哈大笑、从后座车窗朝路上的其他开车人大声打招呼——总之，是做一些让自己兴奋不已的事情的时候，你可能正憋着要发火。你就是想要孩子立即安静下来。此时启用的“规矩”往往是体现父母权威的“因为是我说的。”不许哈哈大笑就是“因为是我说的”。孩子从这条规矩中体会到的是成人容易独断专横，缺乏耐心。所以此时你不如坦率地告诉孩子你这一天过得很不顺，有点头痛。让孩子知道他自己以及他的行为没有什么不对，只是今天你很难受。也许尽管你这样说了，但孩子仍不能如你所愿安静下来。他就是要尽情地玩耍，要释放自己的活力，这对他很好。假如你的坏心情没有妨碍他，很可能说明他在你身边很有安全感，这很正常。

你自己心境不好的时候不要对孩子说“不”。因为此时你的注意力在自己的烦心事上，不在孩子身上。可能的话，你最好给自己一点时间独自静一会儿，或给亲近的朋友打个电话，把注意力放在调整自己的心态上，不要急于去处理孩子的问题。

(4)你的孩子不理智吗？如果孩子确实处于不理智状态——故意折断妹妹的铅笔，或者是由于你没有满足他的要求，到了姥姥家门口拒绝下车，此时他多半是需要你的关注，需要你针对他的不理智行为温和而坚决地说“不”。

2.对孩子说“不”

你已经注意到并肯定孩子的行为“出了轨”。有时候这种判断只需要一秒钟：他在揪小妹妹的头发，或者把一只鞋扔到了屋子的另一头。你已经有足够的信息说明该是你说“不”的时候了。

对孩子说“不”往往意味着要把你自己插在孩子与他的非理性行为之间。你可以对他说:“别揪妹妹的头发!”或“别打妹妹。”可孩子此时已失去思考能力,无法控制自己,你的口头要求多半不会起作用。所以此时你自己得采取行动阻止孩子的非理性行为。你要过去搂住他,温和但坚定地阻止他伤害妹妹的行为。你可以说:“我不许你伤害妹妹,我得帮你停下来。”但重要的是你得有行动。就是说,你得把孩子拉离他的攻击目标,或者把他从其他孩子手中抢夺的玩具拿在你的手里,免得让他拿着玩具跑掉。

当孩子不可理喻的时候,光动嘴是不行的。此时他需要具体实在的帮助。当孩子无法正常思维时,语言远比不上温和而坚定的行为有效。

孩子常常要求成人对他们说“不”。他们会重复地做成人不让他们做的事,期待成人来帮助自己。他们在寻找渠道甩掉妨碍他们享受生活的不快情绪。他们需要一把“罐头起子”,让自己压抑已久的情绪一泄而出,排除干净。你说的“不”正是他们需要的一把起子。他们渴望恢复自己快乐、合作的天性,要做到这一点,他们必须向你显示内心深处的不快。你对他们说“不”,正好为他们开启了一道大门,能通畅地宣泄不快,得以恢复正常思维能力。

3.再倾听

这是三个步骤中最重要的。一旦你说了“不”,倾听孩子的不快可以帮助他愈合创伤,重新感受到父母的关爱。

当你靠近孩子阻止他的非理性行为时,你的关切能触动他内心的负面情绪。他会开始号啕大哭,或撒泼大闹,或拼命要挣脱你。此时,你要坚持靠近他并给以关注(必要时和蔼地跟住他),这样他会继续表达和宣泄内心的不快。同时你可以说类似这样的话:“我爱你。我能理解你心中的不舒服。我不愿意你独自承受烦恼。”

当孩子渐渐平静下来时,可以要孩子抬头看你,或温柔地捕捉孩子的目光。如果孩子还有一些情绪未宣泄出来,这种目光接触会提醒他,当时自己的心情还未恢复到足以能接受你的关爱的程度,他还需要继续宣泄:大哭、发怒甚至大笑。

孩子通过宣泄排除掉大量负面情绪后，会恢复正常状态，能注意到身边的事物。有时这种转变会显得很突然。他会开始玩弄你的头发，观察玻璃窗上结的霜，或找个小小的理由和你一起嬉笑，只是只字不提刚刚过去的“狂风骤雨”。既然，心情已经好多了，现在要比刚才有趣得多。不要试探地问孩子类似这样的问题：“你不高兴是不是因为想爸爸了？”如果是孩子主动告诉你原因，是件很好的事情，但绝不要试探。那只会增加孩子的顾虑，妨碍他以后顺畅地在你面前宣泄。

倾听的效用

倾听的效果依赖于多种因素：你的自信程度，你表达对孩子的爱的程度，孩子的安全感，以及当时的处境。有时，事后孩子的变化不很明显：可能他显得增加了一点独立性，或者更经常“黏糊”你。有时孩子有戏剧性的变化。下面是一位父亲的叙述，谈他怎样对7岁的儿子说“不”。

杰森和5岁的妹妹安吉丽卡总是打架。我一点办法也没有。一天晚上他们又争执起来。我正想开始责骂的时候，突然觉得也许是个机会可以帮助杰森宣泄掉内心烦恼。于是我朝他走过去，尽可能态度和蔼。可杰森不理我，径直跑回自己的房间。我跟了进去，杰森仍然在生气。我离他很近，看到他在冒汗，一副好斗的样子。我关上门，告诉他我要留在他身边，直到他心情好一些。他试图出去，我告诉他我们可以出去，但不是马上——在他心情不好的时候我要在他身边。我就待在那儿。杰森朝我大喊大叫，还要打我。在不让他弄伤我的前提下，我没有阻止他。这样持续了大约20分钟。

他就那样浑身冒汗，大叫大嚷，拼命似的要打我，朝我喊道：“你不爱我！”我对他说我爱他。他又喊道：“你恨我！”我真不相信他会这样说。我不断地安慰他，说我爱他。我就这样持续下去，只希望自己做得对。后来我允许他离开的时候他还在哭、发火，但我决定今晚就到此为止。在房间里他不让我靠近他，但在离开房间有机会安静下来之后，他变得对我很友

好,允许我把他搂在怀里。

之后的变化很明显。他和妹妹不再打架了,比以前快活多了。实际上他们已有两个星期没打架了。

倾听孩子表面看来很小的烦恼,常常会给孩子足够的安全感,允许他宣泄较为沉重的负面情绪。以下是一位母亲给我讲述的亲身经验,关于她如何对4岁的女儿说“不”,从而了解到女儿未曾告诉她的严重事件。

我们正准备睡觉。我把丽贝卡的睡裤放在她的床上。我知道她肯定看到了。可她却不安地满屋子乱跑,因为“找不到”她的睡裤。在这之前她已经闹过一次了。现在她要我给她找睡裤。我料想一场大闹正在酝酿之中。于是我拒绝了她的要求,对她说:“不行,你自己能找到。我知道你能。”她坚持要我帮着找,我说要她自己找。后来她尖叫着跑回自己的房间,坐在两张床中间的地板上。我知道该是倾听的时候了。她很烦躁但没有哭。我过去把她拉近我,她一下子爆发了。她手抓脚踹,高声哭泣,她在大发脾气。我尽可能搂住她,同时还得防止她弄伤我。她大哭着,浑身冒汗,持续了大概有半小时。然后她突然说:“你就像那个想要吻我的男孩子!”我从来没听说过这件事情。我问丽贝卡是怎么回事。她一边哭一边告诉我,在幼儿园有个男孩子想要吻她,她不肯,可他把她顶在门后边,按住她,强迫她。见她不配合,他就用手掐她的脖子!我震惊了。当丽贝卡停止哭泣的时候,我告诉她我为发生的事感到非常难过,我们第二天早上会处理这件事。第二天,丽贝卡把这件事告诉给学校的老师,事情得到了处理。原来在她的班里男孩子经常强吻女孩子。对于丽贝卡,这是一次严重可怕的事件。现在我想事情已经过去了。她很乐意去上学。但那件事真的严重伤害了她,难怪她要发那么大的脾气!

正如上述例子表明的那样,当孩子为了摆脱内心创伤努力挣扎时,确实给父母出了难题。但是,作为父亲或母亲,知道自己确实能帮助孩子愈合严重创伤,不是件非常好的事吗!

父母们常有这样的疑问:“允许孩子放肆地骂人、发脾气难道不是在放纵他们吗?”我们应该了解,实际上,孩子在大哭、冒汗、发抖时是在处理严

重的负面情绪。在孩子边哭边谴责你时,是在排除那些毒害了你们之间的亲情的情绪和想法,你不妨把这段很情绪化的过程当做一次“倾听”。在这段时间里,你允许孩子充分表露情绪,同时持续给予孩子关注和爱。你不要让他被情绪“淹没”,要和他一起努力,彻底清除那些负面情绪是你们共同的目标。

如果只让孩子没完没了地谴责你或其他人,却没有你在身边,感受不到你的关注和爱,孩子独自是不可能排除掉负面情绪的。干巴巴的、紧绷着的哭闹表明孩子需要你在身边关注他,使他感到足够的亲情,从而能够继续宣泄。要点是允许孩子“口无遮拦”,而且你要守在他身边倾听,这样他的宣泄就会深入到大哭、疾风骤雨的阶段。他越紧绷着,越需要你的关注和爱抚。

设定规矩

不论是明说还是不明说,每个家庭都有被称作“家规”的准则帮助家庭生活正常运转。我们大多不会对诉诸实践的那些准则有什么疑问。它们往往无形地、无处不在地影响家庭成员的关系,决定着人们的行为规范。除非发生了什么不对头的事,我们不会注意到它们的作用。我们的家中有什么样的规矩呢?从前几代美国人的教育子女的传统来看,大概有这样一些准则:“父母做决定,孩子要服从”“孩子有得到照料的份儿,没有说话的份儿”“如果孩子对你的惩罚不满,你就给他更多的惩罚”“到了吃饭时间人人都得吃,不管你饿不饿”。这些准则反映了这样的观念:成人的看法和判断总是比孩子的强。

我所从事的工作以及我所敬重的其他人的工作都表明,有必要改变成人对待孩子的态度及方式。问题的关键是,如果要我们的孩子长大成人后既有自尊又懂得尊重他人,他们就需要从小受到尊重。有这样一些“规矩”体现了良好常识和对孩子的起码尊重:“每天我们至少有一次机会互诉对彼此的喜爱”“我们分担家务,每人至少负责一件活儿,任何人都可以请求

帮助使自己的那件活儿变得有趣味”“我们不彼此伤害。如果看到有人在伤害另一个人,我们要上前制止”。

时常召开家庭会议重温“家规”,家有难事时大家一起商量对策等都很有益。面对压力,孩子和父母都可能忘记“家规”,可以制定类似这样的对策,比如:“如果妈妈对你大喊大叫,你就对她说你爱她”,或“如果小哥哥心情烦躁,要注意不让他单独和小妹妹在一间屋里”。如此就能引导情绪紧张的人保持理性,不至做出严重伤害他人的举动。保持并加强家人之间感情纽带的好办法是在家庭会议的开始和结束之前每人轮流说说令自己愉快的事,或说说欣赏另一位家庭成员的地方。赞赏可以有效地让人们的注意力远离烦恼,从而能看到生活中令人愉快的一面。

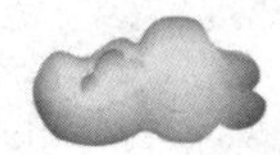

孩子需要规矩。他们要理解一个家庭需要一些“家规”指导人们的行为;他们需要明确父母会保证每一位家庭成员得到好的关照;他们渴望爱、关心和公正。在需要的时候,我们对他们说“不”,然后倾听他们,从而修复我们之间的感情纽带,都是为了让他们在生活中能得到他们所渴望的。

通过对孩子说“不”来修复亲子之间的感情纽带,其要点概括如下:

(1)孩子是好的。他愿意做一个可爱的、合作的、亲近你的孩子。

(2)孩子行为出现反常,是因为他感觉受到伤害,你们之间的感情纽带暂时切断。

(3)孩子感受到伤害时无法理性行事。此时你温和而坚定地说出的“不”是给孩子的最好礼物。

(4)不要斥责、打骂不理性或情绪化的孩子,孩子需要温暖和亲情来恢复理性。

(5)倾听—说“不”—再倾听,鼓励孩子痛畅地宣泄出负面情绪。

提示与思考

1.面对突然闹情绪、行为不理智的孩子,你通常的感受是什么?会怎样反应?

2.在尝试倾听—说“不”—再倾听的过程中,可能对你最具挑战的是什么?

八、进入青春期的孩子

令人惊叹的青少年

青少年令人惊叹。他们聪明、有创造性、有远大抱负并富有活力，每个人都有独到的见解，为人类社会增添新的精神和影响。

每个年轻人都在探寻自己生存的意义。每个年轻人都希望保持自己的个性，作为一个独特的自己被接受。在他们身上蕴藏着真正的财富，一个正在开启的智慧与快乐的源泉。

但是，很多人，包括做父母的，对处于青春期的孩子都抱有强烈的否定态度。我记得当我的大儿子快到13岁生日时，经常听到人们这样说："这孩子从此除了走下坡路不会有什么好事了！"或者是，"准备好应付有太多坏脾气荷尔蒙的家伙吧！"更让人惊讶和心痛的是这样的态度很少受到质疑，就好像我们所有的人都认为不可能指望这个年龄段的孩子会有什么好事。

仅仅因为孩子们长大了就不再支持他们是没有道理的。作为他们的父母，我们了解他们。他们是奔跑着穿过校园扑到我们怀里的孩子，是晚上我们摇着入睡的孩子，是多少年来听着我们读睡前故事的孩子，是我们离开时就哭着找我们的孩子，是周末早上迫不及待地要和我们亲昵的孩子。他们是好孩子。他们爱我们，我们也爱他们。在他们长大成人的路上我们要发挥至关重要的作用。

1.做青少年的盟友

我们和孩子的关系很重要。孩子们已经长大了，更独立了，不再像过去那样随时需要我们的关注。但他们一如既往地需要我们的爱、欣赏、亲近和毫不保留的关心。我们对他们的态度——说出来的和没说出来的，依

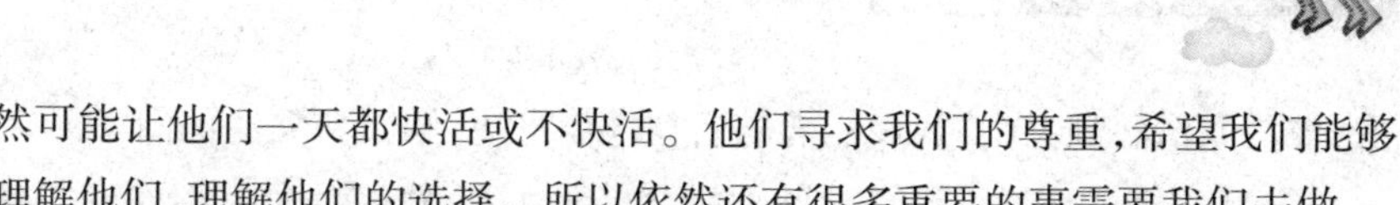

然可能让他们一天都快活或不快活。他们寻求我们的尊重,希望我们能够理解他们,理解他们的选择。所以依然还有很多重要的事需要我们去做。

在过去的十多年里孩子们一直以孩子的视角观察世界是如何运转的。现在随着成年的临近,他们的思考范围必定会有巨大的扩展。他们现在得重新理解每一件事物。

他们在为自己未来的成年生活打基础。对他们来说,提出自己的想法和理解是很重要的。他们必须形成自己的为人处事的方法。他们很聪明,自己也知道这一点。有时候他们在最不痛快的时候会拒绝我们善意的忠告,但也有时候他们不接受我们的帮助只是因为他们知道自己的世界得自己去了解。

当自己的帮助未被孩子接受的时候,我们做父母的很容易产生遭到拒绝的感觉。我们往往或者是完全放弃,或者是变得很生气,仍要把自己的建议强加给孩子。实际上,我们的建议并不是孩子们想要从我们这里得到的。

孩子们想要从我们这里得到的是支持,想要我们做他们的盟友,想要我们了解他们所面对的挑战,倾听他们,更努力地理解他们。当自己信心不足时,他们希望能够得到我们的肯定和信任,但不想让我们替他们思考。

孩子是我们的,但他的生活是他自己的。他们不需要做任何事来让我们以他们为傲——我们本来就应该以他们为傲,不论他们遇到什么样的麻烦。他们也无须做任何事来让我们高兴——我们本来就应该为他们高兴,尽管他们有时候会做傻事。他们需要做的是培养健全的判断力,积极主动地安排好自己的生活,学会生活的各种技能和独立谋生。我们该做的是支持他们在这些方面所做的各种努力。

如果我们认为自己应该是孩子们在欢乐、困惑或处于困境时可以信赖相依的人,就会更明了自己该怎样去做。我们不能要求他们按照我们做事的方式行事,但能够在他们努力试图自己解决问题时支持他们。我们不可能把良好的判断注入他们的头脑,但可以在他们陷入错误的判断时给他们设立必要的规定。我们不可能保护他们免遭任何困境,但当他们受到打

击、带着创伤回到家中时，我们能够留在他们身边，倾听和关注他们。

作为孩子的盟友，我们有各种机会使他们的生活因为我们而变得更好。我们要做的是鼓励他们，为他们的努力而自豪。我们要做的是坚持把握好方向，但只在有绝对必要的时候才出面纠正。作为盟友要保持良好沟通，要保持忠诚，随时伸出援助之手，要时刻注意可能发生的危险、严峻局面。但我们只在孩子提出要求或情况确实很危险时才会介入。作为孩子的盟友，我们可以关心，可以倾听，可以留意他们正在学会什么，可以赞赏我们见到的好的方面。我们可以不加责备地只是给他们设立必要的规定。当孩子们在各种经历中学习如何以实力和正直的态度处理自己的生活时，我们可以与他们保持密切联系。

2.青少年面对的挑战

每个孩子都有自己的个人道路需要绘制，有自己的挑战需要面对。开始步入青春期时，一个孩子早先的兴趣会逐步演变成某些新的消磨时光的方式。以前，他们整个晚上都和最好的伙伴待在一起，而现在他们会在电话上聊个没完。以前，他们骑自行车出去探险，而现在他们会去有最好的玩家一起展示技巧的地方玩滑板。尽管他们从游戏中学习的机会减少了，但他们要面对的挑战之一是继续追求和享受他们热衷去做的事。也许他们所热衷的事物看起来对他们的学业、工作或开始严肃的成人的生活没有多大关系。但是，正是那些事物让他们对生活充满了希望，使他们在增长力量和尝试新事物的同时变得更加自信。

孩子在童年时期经受过的那些艰难体验，比如对黑暗的恐惧、无法在一支球队里坚持打完一个赛季或者是周期性地在学习上受挫，不一定会在他们进入青春期后就消失得无影无踪。小时候怕黑的孩子在青春期时会不肯在凌晨2点之前睡觉，结果是变得脾气暴躁。那些在团队运动项目中不能够控制好自己的情绪的孩子，此时可能会变得“不爱运动”，将某些团队活动和友情拒之门外。早先在学业上的挫折——尽管是断断续续的，会在一个孩子的内心留下阴影，使他一年到头也难有好的感觉。孩子们在10岁以后对不断出现的挑战所做的反应，会精确地塑造他们的个性。

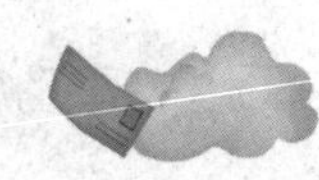

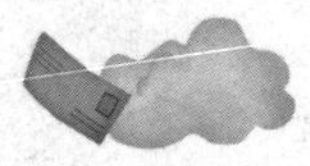

简而言之,每个孩子都有自己的天赋和热情,每一个都背负着独有的、尚待处理的难题,这些难题往往与他们的童年经历有关。

除了他们自身的难点,每个孩子都面对着来自影响着社会大环境的各种压力的挑战。种族主义、性别歧视和社会等级的偏见,就属于那些显而易见的压力,它们在逼近,威胁着要限制孩子们的生活。巨大的压力迫使孩子们去迎合社会对他们的模式化的期待。年轻人需要有自己的见解和他人的支持才能够成功创建自己选择的生活,而不是让自己局限在根据种族、性别和家庭收入而分配的社会角色里。

还有另外一个非常重要的影响因素,每天都在压迫着我们的孩子。消耗他们的能量,损害他们的自信心。正如种族主义和性别歧视一样,它是一系列有危害性的态度,它潜移默化,没有受到争议。这个影响因素就是对年轻人的错误评价和错误对待——压制年轻人。

年轻人承受着压力

我们的孩子从出生起就期待能生活在一个有爱的和安全的世界。满怀着信任,他们期待大人喜欢他们,欣赏他们,让他们感到亲切并支持他们。不幸的是,他们出生在一个还不能满足他们这样高的期待的世界。他们的父母得终日辛苦忙碌于工作,总是筋疲力尽。他们的教师也负担过重。他们所在的社会还没有认识到年轻人是宝贵的。每当他们发现自己不受欢迎、没有被珍爱或者在他们需要帮助的时候得到的只是责备,对他们来说都是一次真正的打击。

反对错误对待年轻人的斗争对于青少年并不是新课题。在十多年的生活经历中,他们长年累月地受到成人和社会的低估和轻视。他们被养育,但也被漠视。他们得到帮助,但也受到阻碍。每当得不到成人的理解或由于遇到麻烦而受到成人的责备时,就会给他们留下心灵的创伤。如果我们作为父母能够懂得青少年正处于一个可能是非个性化的并明显对年轻人抱有敌意的文化观念中,那么他们的生活会有很大的改善。

下面简要了解一下什么是青少年所反对的。

1.青少年不受尊重

总的来说，我们的社会还没有认识到青少年“好在何处”。青少年被认为好像是无关紧要的，他们没有判断能力，对于社会生活、政治、工作或艺术也没有重要的贡献。成人很少认真了解青少年的体验或意见，很少注意到自己其实能够从青少年身上学到很多东西。成人期望青少年表现得更有责任感并且能无需帮助就做好更多的事情，但是很少期望青少年提出自己的想法或参与做出重大决定。通常，青少年作为孩子而得不到尊重的状况会发展到如此令人悲哀的地步：他们与成人之间的交流主要是被告知做什么和什么时候做。

长期的成人生活已逐渐使我们把对年轻人的压制视为“正常”。我们没有注意到自己没有询问孩子的想法，没有注意到他们每天在学校里都得不那么情愿地连续听成人讲好几个小时。年轻人看到他们被锁定在一个狭窄的年龄段人群，看到几乎没有成人认为他们有什么重要。我们没有注意到这些每天都在发生的对青少年的轻视，而孩子们注意到了。

也许对孩子缺乏尊重的最有破坏性的结果足使孩子们自己接受并认可了这种态度。他们开始以同样的态度去对待其他年轻人，养成了彼此轻视的习惯。年轻人彼此不接纳在校园里迅速地蔓延。一个孩子可能不被他的同伴们所接受，只是因为他的发型、肤色、喜欢的运动、所来自城镇的地段、吃什么样的午餐、休息时坐在哪儿。每当一个年轻人寻求各种途径了解自己的时候，就会有一道无意识的批评的障碍等着他，很多批评来自其他年轻人。这会造成很深的伤害，会削弱每一位青少年在安全的情况下尝试和学习新事物的能力。

2.青少年不再能自由地游戏

在孩童时期，在最自由状态下游戏是青少年表现自己天赋的方式。他们自我感觉精力充沛、敏捷、有创造性、强壮有力，当他们跳上自己的自行车冲下他们自制的坡道或在人行道上一起跳绳时感到彼此亲近。他们发挥着自己全部的智慧。当他们开展一个大型游戏时，能和其他孩子达到相

当高层次的合作。开心地游戏之后,你的孩子全身心地确信自己是优秀的。游戏是建立自尊心的关键环节之一。

但是甚至在青春期之前,大部分孩子就不得不放弃自由安排的游戏时间。家庭作业、家务活和各种课程占用了他们本来用于寻求友谊和以新的、绝妙的方式共度时光的时间。在许多地方,孩子们在升入中学之前,游戏已不再是美妙的,甚至还可能是不安全的。闲荡,和朋友一起大笑,发明游戏和无来由地开心都变得很稀少。缺少游戏、笑声和轻松愉快会剥夺年轻人表示美好愿望和展示创造力的主要方式。缺乏游戏意味着会减少他们直接获得关于自己有多么优秀、是多么被大家接受的信息的机会。

3.青少年失去情感表达的渠道

父母以及孩子的同龄伙伴在孩子进入青春期时通常会避免公开表示对孩子的亲密。再没有临睡时的相互依偎,谈话时也不再让孩子坐在膝上,在周六的早上不再有善意的嬉笑打闹。然而,真挚的情感是亲密关系和信任的基础,阻止我们与自己的孩子相互亲近的文化习惯和各种担心会造成令人几乎无法忍受的孤独和自我怀疑,还记得吗?

如果青少年不能够在家里或朋友中间表露亲密情感,那么,他们除了性接触之外几乎没有其他途径能够获得他们所渴望的亲密接触。而我们很清楚,如今围绕着性接触存在着太多的困惑、绝望和危险。 由于我们的习惯做法剥夺了进入青春期的孩子享受他们在孩童时期曾享受到的种种温暖——拥抱、亲昵的爱抚、嬉戏式的扭打,我们付出了巨大的代价。我们几乎失去了与孩子的联系,而他们失去了能够体验我们对他们的关爱的机会。

4.青少年面对着一个令人困惑的世界

我们的世界和它的制度让青少年难以理解。当发现自己的期望和严酷的、不公平的、过于平庸的现实完全相抵触时,他们会感到极度困惑不解。他们生来渴望一个美好的生活——有乐趣、有很多的爱、很多的合作、很多没有危险的探险活动、很多重要的机遇、因为聪敏而受到很多的赞扬。他们期待并需要一个更理性的世界。

5.青少年缺少真正的领导层的表率

社会的每一个层面都缺乏能致力于以广泛的人类利益为目标的领导阶层。大部分成人的表现说明他们没有能力去解决正在发生的导致社会分裂并威胁着我们这个世界的冲突。没有充满希望的、精明能干的、能孕育和播撒变革的种子的成人做榜样,年轻人会有这样的印象,以为自己或许也没有能力解决重大问题并且促成变革。

上述这些状况深深地影响着我们的习惯和制度,使青少年无法享受到一种能够让他们愉悦、让他们自主选择学习、游戏、工作和交友的生活。认识到这些负面的影响是支持年轻人的第一步。在日常生活中与青少年打交道时,我们可以做出很多很多的努力,采取积极的姿态来消除这些影响。

成为青少年的盟友的起始步骤

如果你是一位父亲或母亲,从一开始你就爱你的孩子。你关注孩子,知道他经受过的一切。你完全有资格成为他的盟友,只是有一个明显的弱点:孩子的选择和烦恼让你心烦。而当你心烦时,你就不能够真正地专注于帮助孩子。你心烦时,注意力会转向你自己的情绪、担心和烦闷。

也许你不是一位父亲或母亲,但关心青少年,你能够为他们提供来自家庭之外的重要的观念。你的关注会使一个孩子意识到,依据自己的权利,自己是一个重要的人。你真心实意的关注可能是至关重要的——我们通常意识不到大多数青少年在生活中很少能感受到成人的赞许所带来的温暖。但是,你也会发现自己的担心和烦恼会降低你成为有力的支持者的能力。

学会成为一个支持者主要要求我们学会如何处理人们的烦恼,包括年轻人和我们自己的烦恼。青少年的父母和朋友们可以按照四个基本步骤为他们提供真正的帮助。

让我们简要地了解一下这些步骤。从这些简要概括的观念出发,你能开始自己探索成为青少年的支持者意味着什么,不存在任何硬性的规定,

只需要你从新的角度思考问题。如果你按照这些步骤去做,它们会指点你在你和孩子之间建立起更温暖、更亲密的关系,无论道路有多么艰难。

1.把自己的烦恼和孩子的烦恼区分开

我们的孩子会遇到真正的麻烦。也许他们不能忍受自己的继父母,或者他们交的朋友其实只是在利用他们,或者每当我们试图和他们谈话时他们就发脾气。几乎每一个孩子的生活中都会有很不顺心的时候。而且每一个孩子都会做出一些无害的、但是却与自己的父母的习惯和品味大相径庭的选择。当然这些事情都让我们不愉快。心爱的孩子们不是惹上了真正的麻烦,就是故意当着我们的面不按规矩办事。这些真让我们担心。

如果我们的目标是成为孩子的支持者,帮助他们学会逐步把握自己的生活,我们就需要了解他们的观点、做事情的动机、担心和烦恼。但是如果我们被自己的烦恼纠缠不休,我们就不能很好地接近孩子、理解孩子。因此,作为父母,我们需要采用这样一个策略,以便使我们自己能经常排解我们自己的烦恼。我们只有首先处理好自己的烦恼,才能以较好的状态关心和支持孩子学会怎样生活。

(1)我们必须为自己准备好得力的支持者。当发现自己有烦恼时,我们可以和其他成人建立起一种互换倾听时间的关系,可以称其为倾听伙伴关系。遵守这几个简单的基本规则——态度热情、不提建议、不批评、严格保密,两个人就可以在相互倾听中彼此受益。一个人先倾诉,而另一个人自始至终地热心地听并给予鼓励。倾听者不试图去解决问题,而是让诉说者在自己的思考中寻求答案。然后,在预定的时间结束时,两个人交换角色,先前倾诉的人成为倾听者。

这种互换倾听简单易行并且非常有效。思考和诉说可以释放紧张情绪并且产生新的洞察力,可以使每一位父母感觉自己不再是孤立地面对问题和挫折。久而久之,倾听伙伴关系就为人们提供了这样一种可靠的机会:进行思考,无所顾忌地释放烦恼而不用担心会伤害到你所爱的人,并且因辛勤养育子女而得到赞赏。

(2)我们必须处理自己的问题。青少年们有一种近似雷达的能力能轻

而易举地探查到成人的伪装。我们做父母的有自己的困难,而他们非常清楚我们有什么困难。他们知道我们什么时候在勇敢面对困难,什么时候在假装毫无困难。为了与孩子建立亲密的关系,我们必须采取具体步骤向孩子告知我们遇到的问题,处理好我们自己的生活,从而赢得他们的尊重。摆出一副“我比你强”的姿态不会起什么作用:我们都有自己要面对的挑战,而青少年对于什么是诚实和正直有很高的标准。

具体说来,孩子处在青春期的父母必须处理以下两个几乎全天下的父母都会遇到的问题:

我们常把青少年及其行为与不同年代的其他人及其行为相混淆。我们大部分人会注意到自己总会在某个时候自认为孩子当前所经历的正和我们曾经经历过的一样。例如,如果孩子在交友方面有困难,我们可能会毫无疑问地相信自己确切地知道他的感受——他的体验“正如”当年我们自己在15岁时的体验一样。或者我们可能会眼睁睁地看着孩子由于他在球场上的态度而毁掉自己打篮球的机会,心想他“正像他的父亲”,或“冲动得像他的母亲”。

每当我们确信自己的孩子“不过是像”什么人,包括像我们自己,我们就被某些情绪带离了正确方向,而这些情绪与其说与孩子的经历有关,不如说是与我们自己的经历有关。这时应该去寻找一个倾听者,向他诉说被孩子的行为所触动的与自己经历有关的记忆和感觉。我们有尚未了结的烦恼,也许是来自于孤独的青春期的积压已久的悲伤,或许是积压已久的对前配偶的愤怒,假借关心孩子而出现。必须倾诉这些记忆和感觉,这样我们才能够把它们与当前的情况区分开。我们只有先除去这个给人以误导的有色眼镜,才能理解孩子。他们需要我们把自己的过去和他们的现在区分开;他们需要我们把他们当做有独一无二的经历的人,有宽广未来的人。

我们很累。养育子女不是容易的事情,父母们也往往得不到外来的支持,以至于当孩子们长得和我们差不多高的时候,我们大部分人都会迫不及待地希望能好好喘口气,休息一下。我们要求孩子能够自己处理问题,

不犯错误，不惹麻烦，不再需要为他们操心。这种筋疲力尽的状态使我们无法欣赏进入青春期的孩子，无法看到他们的进步并鼓励他们，让我们心灰意冷。当我们感觉很累的时候，小小的问题就能够触发恶劣的情绪。

这些强烈的情绪通常源自我们自己的童年。当时我们确实经常处于弱势，没有人帮助我们。但现在既然我们已是成人，主动权就在我们。无论是否感觉自己能行，事实上我们都有能力找到帮助，获得我们需要的信息，关心他人，维护自己和自己所爱的人。当感觉没有精力面对新的挑战的时候，我们需要一个倾听者，需要有人帮助我们努力释放出让自己感到沉重的感觉和情绪。

2.学会倾听青少年

倾听是建立亲密关系的基础。要成为十几岁的孩子的得力的同盟者，倾听是需要学会的一个关键技巧。倾听拉近人与人之间的距离。

如果一位父亲或母亲能够倾听，样子很放松、很有兴致，一个孩子就会在自己选定的时间里说出自己的想法和感觉。他会告诉你他所注意到的事物。他会慢慢地告诉你他的结论和推想，边说边琢磨自己的想法。在某种程度上，你的孩子在走向成年的过程中感觉自己像一个外人来到一片陌生的土地。在他努力理解各种大大小小的事情的时候，如果有你的倾听，他就不必孤独地经历这个过程。

(1)留出时间给孩子。为了赢得孩子的信任，大多数父母已经发现留出时间给孩子是有效的方法。就是说要“守在孩子近旁”，做些不当紧的事。对于忙碌的父母们，这意味着尽可能经常让自己在一整段时间内不那么忙。留出时间给孩子可能意味着当儿子在沙发上看电视时你去坐在他身旁；或者当女儿做家庭作业时，带着你的杂志走进女儿的房间坐到她的床上。还可能意味着在盥洗室门口站上十分钟或十五分钟，留意女儿怎样梳理头发，怎样化妆；或者对儿子最新的CD表示自己很有兴趣。在这时候提一些探究性的问题通常不会有好效果。如果孩子愿意交谈的话，最好是让孩子打开话题。我们经常会焦虑。在焦虑时，我们的提问必定是直接出自我们的焦虑。我们问他们的历史课成绩怎么样，或者他们还要拖多久才

会去洗自己的脏衣服。我们告诉自己，我们已经做好倾听的准备，但实际上，我们是要说教。我们为他们担心，我们希望他们明白这一点。这不是真正的倾听。如果你发现自己本来是想“腾出时间”倾听孩子，实际上却提了一些探究性的问题，那么请先处理你的焦虑。焦虑妨碍你放松地与孩子进行以孩子为主导的交流。

(2)孩子对你的倾诉会发生在他感到安全的时候，不是在对你方便的时候。孩子可能需要几天或几个星期才准备好对你说出自己的所思所想。他认定的谈话的好时机不一定对你方便。让人们敞开心扉的最重要的因素——安全感，不是能按照你的时间安排，说有就有的。你必须自己留心观察什么时候孩子开始整理自己的思路并且看起来可能会畅快地把想法谈出来。为了建立起你们彼此的沟通渠道，一旦孩子开始谈话，你必须乐于放弃你原来的计划，比如洗盘子、给姑妈打电话、准备明天的午餐等。做出准备午餐的样子可能会有帮助，那样孩子不会觉得自己突然“成为焦点”，但是当孩子开始诉说时，你必须把注意力从正在做的事情上转移到认真倾听孩子上。

(3)孩子对你诉说时，你只需听，不要给建议。孩子开始诉说时，你要让自己靠近孩子，要放松。让孩子主导谈话，不要让自己的不安和焦虑干扰孩子的诉说。这个时间是孩子的。他正在理清自己的体验。你要给他温暖和信心。他现在允许你了解他的想法和疑问，但不需要答案。孩子真正需要的是通过你的一些简洁的表示，确信你欣赏他、尊重他，并且相信他能够拿出解决问题的好办法。对孩子来说，这些表示比任何你迫切想给出的建议都更有价值。当孩子希望你做出反应时，充分表达出你的关切和对孩子的信心，但要简明扼要。一旦你多说一句话，你就有可能已经不在倾听了。

(4)留意什么时刻孩子觉得和你在一起有安全感，并悄悄地促成这种时刻的到来。你还可以做的是仔细地考虑什么时候孩子有足够的安全感，想要与你交谈。然后你可以特意让自己在这样的时候逗留在孩子身边。对于许多青少年来说，在任何一段时间，如果有人在他们身边却并不急于

去做什么特定的事，安全感就会增强。我记得自己曾注意到，尽管在周末孩子不需要我待在家里，但是当我留下来和他们在一起而不是外出工作时，这样的周末会令人感到更温暖、更亲切。增加在一起轻松度过的时间，对于重新构建亲子之间的关系是非常重要的。

当他们还是小孩子的时候我们之间的相处方式则很不一样。在那时，我们在一天中的任何一段时间都可以很好地沟通。我们可以在星期六早晨和他们游戏，让他们在下午与朋友在一起，然后在晚上我们可以在一起很好地交流。简短、热烈的游戏时间是我们沟通的渠道。在任何时间、任何地点都可以这样做。当他们成长为青少年时，沟通渠道就有了变化。在十几岁的时候，他们需要较长时间的松弛的接触。当我们在周末的早晨在厨房里来回穿梭时，当我们一起去商店买烧烤味的薯片或一起处理圆领衫上很难去掉的污渍时，我们之间的联系纽带也在悄悄地编织起来。

发展与十几岁孩子之间沟通的渠道，父母们有独特的各式各样的办法。这里举一些例子。在每一种情况中，父母都很留意孩子的安全感是怎样得来的，然后悄悄地促成类似的情境发生，以便让孩子的安全感得以持续。

一位母亲看到儿子躺在沙发上看电视。她坐到儿子旁边，他把腿放在她身上。大约20分钟以后，他让母亲揉他的腿，然后又让母亲揉他的手臂，然后是他的肩膀。最后他关掉电视，请求母亲揉搓他的后背。当母亲这样做的时候，他终于有足够的安全感对母亲谈自己的生活。他说得很慢，话语间有长长的沉默。他谈得很艰难。如果母亲持续揉搓他的后背，谈话过程会很顺。因为他知道母亲没有为自己太担心，也没有急于寻找解决问题的办法。有时候他会有足够的安全感翻过身来和母亲面对面地说，有时候则不会。所以这位母亲学会了一看到儿子躺在沙发上看电视，就意识到眼前的机会。她会拔掉电话线，坐在儿子身边，准备就那样度过一个小时。

另一位母亲在晚上进入儿子的房间“赖着不走”。儿子做作业的时候，她拿着自己的读物坐在儿子床上。过了一会儿，儿子可能会邀请妈妈听他感兴趣的音乐。妈妈听音乐的时候，他觉得很受鼓励，于是在歌曲间隔时

说了不少话。有时候他会要母亲挨着他躺在地板上，把立体声音响调到最大，播放他最喜欢的歌曲。他们一起听音乐时，儿子有足够的安全感能够被音乐、被能和母亲一起分享自己喜欢的音乐这一事实而感动。这是非常亲密的时刻。这位母亲设法每个星期至少一次在儿子做家庭作业时和他在一起。

我还认识一位母亲，她注意到，有时她开车和女儿一起（她定期带女儿看牙医）在回家的路上，女儿能够谈起甚至哭诉在学校遇到的一些很困难的事情。一天，当这种情况发生时，这位母亲镇定地把车开进了附近的山里，而不是直接回家。她把这次回家的路程延长到一小时，这样可以让女儿在一个安全的环境中继续诉说和哭泣。在汽车里，这位母亲的关注不是直接的，所以不会导致女儿掩藏自己的情绪。这种方式对母亲也合适。她需要专心开车，所以能够较容易地让自己不去“介入”。她只是倾听，让女儿释放出积压在心里的情绪。从那以后，每当女儿在汽车里要开始诉说时，她就延长回家的路程，让女儿有足够的时间诉说和哭泣。

我认识的很多父母都已经注意到在周末的深夜（当有关学校和学习的烦心事似乎不再让人感觉那么沉重的时候）孩子们比较爱说话，也说得多。所以他们会一直等着孩子回家，和他们一起看（电视里的）最后一部电影，或一起吃一点儿东西，或一下子坐到床上，往往交谈就在这时开始了。

（5）重要的谈话始于那些可能看起来并不重要的话题。当孩子开始时，你可能认为所谈的话题并不重要。孩子首先会选择一个自认为比较容易开口的话题。而你期待着会出现一个“重要”的话题。你希望儿子会谈起为什么几何课考试不及格，或者希望女儿说起因为她不得不穿着旧鞋子参加新年舞会心情有多糟。而孩子开口和你说的是下次他想买什么样的圆领衫，或者她是否应该把头发编成辫子。坚持住！如果你好好地听，孩子最终的话题会接近他的“烦恼中心”。

由于能够倾听孩子提出的日常琐碎话题，你正在赢得孩子的信任。你能带着兴趣和无声的赞许倾听的时间越长，孩子的安全感增长得越多。当你感到自己缺乏耐心时，找机会释放自己的挫折感。与一位成年倾听者一

起处理自己的情绪会加速建立与孩子之间的信任:随着你的紧张情绪的释放,孩子会注意到你比以前更愿意和他在一起,对他更有信心。

日积月累,随着你继续亲近孩子,安全感就建立起来了。当孩子感觉和你之间有足够的安全感时,话题就可能从摇滚乐转到学校中的小团伙,以及他是怎样被他们伤害的。当你的女儿想创造一种新发型时有你在盥洗室一直陪着她,足够的安全感可以使她痛快地对你哭诉说,她一直觉得自己不够漂亮。

(6)和孩子使用一对一时间,做他想做的事情。我们生活在一个非常繁忙的社会里,单独和孩子在一起消磨的时间是很珍贵的。这样的时间非常有利于在父母和孩子之间建立亲密的关系。看棒球比赛,去商厦购物,去小店淘光盘或一起看电视,这些都是你可以和孩子在约定好的时间里一起做的事情。让孩子决定你们两个人做什么,然后用这段在一起的时间充分倾听,热情待他,让孩子知道你很享受你们在一起度过的时间。在一对一的时间,父母应该避免提起困难的话题和抱怨。这段时间应有助于建立孩子的安全感,而不是引起烦恼。

当父母与孩子之间正存在着矛盾的时候,这种一对一的时间尤其重要。父母要尽可能安排一段与孩子共享的美好时光来调整正在下滑的关系。有时,这种特殊努力会产生一定程度的缓和,给双方带来真正的愉悦。但是要注意,一对一的时间也可能成为孩子失望情绪的发泄目标:父母做出了很大努力,孩子则公开地表示出不满。

我们做父母的必须意识到,这是给孩子一对一的关注时间时常有的结果。我们的关注可能放大孩子的情绪(这些情绪来自过去的经历),感到自己生活的某个重要方面不够好。我们必须做好准备,当孩子在我们特别安排的时间里感觉烦躁不安时,要倾听他并且表达出我们对他的关心和爱。这是建立亲密关系的途径:我们给予最好的关注——孩子则向我们诉说自己感到没有得到很好关注的心情——我们倾听并且继续给予关注。我们的倾听会使孩子的情绪随着泪水或愤怒喷发出来,随着这些妨碍我们与孩子彼此接近的情绪的发泄和消散,在父母与孩子之间建立起亲密的关系就

是可能的了。

(7)认真地处理你自己的烦恼。在你有意倾听孩子的时间里,尽量不要突然朝孩子发泄你的苦恼情绪。当孩子已经开始随意地说什么的时候,他们是在试探你;他们希望安全地表露自己的本来面貌,安全地袒露自己的想法。如果你突然对于儿子或女儿正在告诉你的事情有了强烈的抵触,尽量不要不假思索地脱口而出。如果你不能够继续听下去,就说出来,但不要责备孩子。此时是你自己应该宣泄的时候了,但最好是与其他人而不是与自己的孩子,这样你释放出的强烈情绪不会指向和惊吓到你心爱的人。

(8)要通过预约和孩子讨论棘手的话题,不要凭一时冲动。能有多次机会和父亲或母亲一起度过一段不必面对父母们所特有的烦恼与焦虑的时间,对一个青少年是非常有益的。只有我们的自我克制才能够创造这种安全感。当然,也需要有时间谈论困难话题、提出困难的问题。当我们与孩子安排讨论棘手的话题的特殊预约时,我们要表示出对他们的尊重。预约交谈使他们有机会提前思考、积聚勇气来面对可能的困难讨论。若你经常通过和孩子预约的办法来处理难题,孩子就不会时时提防你和你的烦恼。

和孩子之间建立信任,需要你这一方的时间和努力。这个过程不可速成。带着关注、耐心和信心一步步接近孩子,他会根据你的付出决定是否接纳你。你无法预料每次一对一时间的倾听会有什么结果。但在为孩子留出时间、让自己可信赖这方面你可以做到最好。建立亲密关系有一点像棒球比赛中的外场手:你准备就绪和你的关注是至关重要的,但是你绝不可能确切地预料到什么时候需要你出手接球,或者什么时候你的一个漂亮接球会起到关键的作用。时刻准备好给予关注是你的主要责任,余下的就是一个独特的、逐渐展开的故事。

3.帮助孩子治愈情感伤害

我们所有人都会有这样的时候:心烦意乱影响了自己的注意力并且损害了判断力。我们没办法甩掉这些糟糕的情绪,而我们在心烦意乱之中做

出的决定似乎也不能解决问题。当孩子处在这种困境中时,你也无法"矫正"他。你的命令也无法去除他的糊涂念头。你无法把自己的道理塞进他的头脑。而对他发火只会迫使他进入更加戒备的状态。

怎么做才能帮助他呢?你必须了解,人们,包括你的孩子,确实知道如何冲破糟糕情绪的束缚。有机会大笑、流泪、发脾气,或由于不安而发抖、出汗,就能释放出郁积的情绪,帮助恢复一个人的较好的判断力。为了给一个年轻人摆脱烦恼的机会,需要有人去倾听他,允许他在不受批评、责备或干扰的情况下能表露自己的情绪。

年轻人释放情绪直到他们重新能够思考的这一过程,在几乎所有的文化和年代中一直遭到误解。一直被看做是"无礼""软弱""愚蠢""失控""不理性"和"冲动"。一个正在大哭、发怒或大笑的人实际上是正在运用他的天生的能力通过释放情绪压力去清理非理性的情绪。一个倾听者能够做得最有益的事情是为他提供全部的注意力,使他的情绪持续宣泄,直到基本康复。

(1)当孩子闹情绪时,留在他身边倾听。当孩子们脾气乖戾令人难以相处时,他们内心充满了恶劣情绪(同样的情况也会发生在我们身上)。当孩子感觉难以承受或感觉环境足够安全,开始让这些情绪表现出来时,你要留在他身边。除了告诉他事情对他如此困难让你很难过之外,不要多说话。不要试图通过说理使他摆脱困境。不要为你自己和你的行为辩解。只是在他身边倾听。一个自然的过程正在进行。孩子正在驱逐那些已经扯碎了他的自信、损坏了他的良好的判断力的坏情绪。

(2)你有可能成为孩子心烦的对象。当他们感觉被深深的伤害时,大部分年轻人感觉自己的父母是产生问题的部分原因,而不是解决问题的积极因素。当孩子感觉足够安全而释放出一直在搅扰自己的恶劣情绪时,你很可能成为他发散不快情绪的对象。这是养育子女的最自相矛盾的问题之一。当你已经在自己和孩子之间营造起一种浓厚的亲情时,他感觉足够安全,告诉你他感觉被伤害的那些时刻,并且这种伤害经常该由你负责。

孩子需要大哭或发怒来摆脱恶劣情绪。那些未曾流露出来的情绪能

使他的举动失去理性。当他发泄烦恼的时候,他不是理性的。为了驱逐恶劣情绪,他需要倾诉、大哭或者发怒。为了能够痛快地倾诉、大哭或者发怒,他可能需要责怪除自己之外的某个人。

如果他们责怪自己,就不能够痛快地大哭或发怒来发散紧张情绪,会陷入闷闷不乐、孤独、麻木或其他导致不能与他人沟通的某种行为模式。当一个倾听者努力去接触一个处于痛苦之中的人时,可能需要穿过已经筑起的自我封闭的隔离墙,从而打破这个痛苦的人的麻木状态,重新感受痛苦。此时,给予关注、提供支持的倾听者经常会成为对方宣泄烦恼的外在目标。如果倾听者能够持续支持他,原本使他丧失理性的烦恼会转化成能够使他康复的泪水、颤抖或者愤怒,同时他的悲伤和恐惧也随之消散。

你本不应为孩子的问题而受责备,但是孩子为了有效地驱逐烦恼可能需要把他的烦恼归咎于你。当他宣泄完自己的恶劣情绪时,就不会再责备你。在那之前,不要申辩。当情绪汹涌而出时,重要的是让情绪好好发泄。烦恼被清除之后,才有可能产生一个较为符合现实的认识。

如果他能够大哭、发怒,并且得到你的倾听,曾左右孩子的行为举止的负面情绪的能量就会减弱。如果你能够不带责备或修正地倾听,他会更清晰地理解是什么使得自己的情绪爆发,也更清晰地理解你。当关注他已是一件很困难的事情时,你还是给了他关注。你帮助排除了把你们俩隔离开的负面情绪。受到他的攻击时,你没有还击。你的孩子会注意到你一直是他的支持者。

(3)你可能得用灵活的手法应对孩子的看似自相矛盾的需求。在宣泄情绪的途中,如果孩子让你走开,你要在某种程度上顺应这个要求,否则他会再一次产生“你根本不听他的”感觉,就像以前很多次一样。一个聪明的做法是退到他房间的门口,或者你可以说,那你就离开几分钟,然后再回来看看他怎么样了。不过,你必须想办法在他发泄情绪的全过程留在他近旁。如果没有倾诉对象,孩子怎么能够释放那些压在他身上的强烈的情绪呢?所以当你听到孩子说“你帮不了我,爸爸,走开!”的时候,你必须学会做得恰如其分:既要表示你听从并尊重他的要求,又能让他感觉到你的存

在，以便让那些积压已久的情绪最终能够以流泪和发抖的方式宣泄出来。

对父母来说，做这样的倾听是很难的。当孩子们指责我们时，我们会很生气并为自己辩护。我们不能够接受他们这样非理性的指责。我们不知所措，感觉受到错误对待。但是在这样的时候倾听，能够弥补我们和孩子之间的巨大裂痕。遭到孩子的炮击时，我们必须坚守这样一个信念，即他们正在做重要的事情。他们正在卸掉那些使他们孤立、使他们无法运用自己的最佳思维能力的痛苦情绪。经过痛哭和发脾气之后，你的孩子会是一个释放了重负，能很好地接受关爱、帮助和新的信息的人。在完成这样的一次倾听之后，你需要一个成人的倾听，宣泄一下由于一直坚持在“火线”上而引发的情绪。

(4)孩子的某些问题也许不会很快能解决。如果问题已经存在了很长时间，孩子可能需要经过多次长时间的哭泣和发脾气才能充分改变他的认识，重新感受家人的亲情。为了帮助孩子完成这一长期任务，在孩子排除烦恼的同时，你需要和孩子一样充分地宣泄自己的情绪。这是非常有必要的。有一位好的倾听者并且得以彻底宣泄情绪，孩子的整个个性都是可以慢慢改变的。倾听孩子的宣泄并让自己也得到帮助，的确是可行的。倾听不是一种速效良方，但是，只要假以时日，它是一个建立真正的亲密关系的有效途径。

(5)设立一些规定可能是进行治愈过程的重要方法。年轻人心情愉快、充满希望、愿意和别人亲近的时候，他们在生活中就能做出聪明的决定。这些决定也许不是父母会做出来的，但是这些决定体现了他们自己的想法、关注、对自己以及他人的信心。当一个年轻人的判断力出错时，那是因为焦虑不安的情绪已经影响了他的思维能力。他已经变得太孤独、太气馁或者内心充满了某种情绪或混乱以至于无法思考。

遇到这种时刻，父母的传统做法是责备孩子，对孩子表示出自己的强烈不快，并且告诉孩子应该怎么做。这些做法不能真正地帮助孩子。任由孩子在烦恼中沉浮，消极地等待孩子在某一天能解决问题，对孩子也是没有帮助的。

我们必须学会抱着支持的态度去接近一个陷入困境的孩子。他需要知道我们注意到了他的困难,需要我们给他设立合理的规定。我们也需要预料到这些规定会扰动郁积在他心中的烦恼,需要做好倾听的准备。

让我们先了解一下如何给青少年设立规定。可以用以下的方法开始:

约定讨论问题的时间,并且让孩子知道将要讨论的话题是什么。做规定最好是在头脑冷静的时候,而不是在气头上。定下时间后,和另一位成人把事情从头至尾想一遍,做好事先准备。

处理问题时,要提醒孩子你爱他,而且知道他有多么聪明能干。设立规定可以是一个显示真诚关爱的举动,也可以极大地减轻对孩子的焦虑不安。为了有机会表达你的爱,需要特意计划好在谈话中时时肯定孩子的优点。谈话要从欣赏他开始。你需要事先想好如何表达出自己的关爱,因为作为父母我们总是很难忍住不批评指责自己希望帮助的孩子。设立规定的过程中不应有批评和指责。有批评和指责孩子的倾向就是表明我们自己需要有人帮助排除与孩子有关的烦恼焦虑,因此需要安排一次或若干次的相互倾听时间。清除掉自己的坏情绪,你才能在帮助孩子纠正生活中的失误时表现出对孩子的关爱。

挑选重要的问题,强调有关的原则。为孩子建立建设性的规定需要仔细思考,并且要处理我们自己的情绪。仔细地选择你要面对的挑战,确定你把时间花在关键问题上,而不是纠缠在个人品位或个人喜好的问题上。当你必须设立规定时,决定好你要设立的规定,然后设法使谈话围绕着那个为达到你的要求而制定的规定进行。

例如,由于知道孩子周末晚上常常在无人监管的情况下待到很晚,也许你会坚持要求孩子在周末晚上10点钟打电话让你知道他在哪里。他很可能会有许多理由争辩说:这对他会很不方便;他的朋友们就无需这样做;那时他刚好可能和朋友在电影院或是在开车,所以他不能刚好在10点给你打电话。而你要坚定地告诉他,你对他有信心,相信他能够思考,能够解决问题,他是聪明的,作为他的父亲,你必须知道他在哪里。晚上10点、9点45分、10点10分打电话都可以,告诉你他在哪里才是重要的。

把你的心情和为什么有这样的心情告诉孩子。既然批评和指责在设立规定的谈话中无助于事,有时候让孩子知道某个特定问题会让你有什么样的心情会帮助孩子充分地了解事态的严重性。不要只是批评孩子说:你毫无责任心的做法简直让我发疯!你为什么不让我知道你在哪里?你就是不为其他任何人着想!你以为你是这个星球上唯一的人吗?如果你换成下面的说法,你的孩子会更好地了解有关规定的必要性:当你没让我知道你在哪里时,我会感到很失落,因为我很指望你能告诉我。如果我几个小时没有你的消息,我会很害怕。这样会让我觉得自己不是一个称职的父亲。把你压住的怒火留到自己的相互倾听时间里去宣泄。

提出的规定要能引领孩子趋向独立操作。当你提出一个规定时,要创造条件让规定是可操作的。你可以让孩子知道如果他能连续三次外出都在晚上10点打电话,下一次外出时他就有一次机会可以选择在晚上11点以前的任何时间打电话。如果他抱怨自己没法总盯着表看,要认真对待这个问题。借给他一个带计时器的手表。尽你所能让孩子能够成功地逐步迈向做事多加考虑的行为方式。

确定你们两人什么时候一起评估事情的进展,以便重新考虑已设定的规定。最好是父母和孩子都能够把这个规定看成是一个必要的尝试,而不把它当成是一个“警察行动”。设法在一段合理的时间内严格地进行这个尝试,然后在一起看一下效果。研究一下什么进行得好,什么进行得不好,并重新进行考虑。要了解你的规定是否奏效,孩子的看法很重要,所以在一开始就要约好到什么时候你们俩一起再次讨论已经做出的规定以及问题是否正在得到解决。当你们一起做评估时,记住要赞赏孩子做出的努力,即使事情还没有做到完美(很少能达到完美)。然后问孩子他认为什么进行得好,什么需要改变或改进。要准备好倾听他的感触和想法。如果他的判断力还没有恢复,就说明他仍然有一些紧张情绪需要处理,并可能利用这个机会宣泄烦恼。

如果你发现自己在指责孩子,立刻中止。我们小时候大多数人的父母都曾严厉地,甚至很粗暴地,给我们制定规定。所以我们自己也常常做不

到在设法解决难题时不带争论、批评或激动情绪。当你努力与孩子沟通时变得怒火中烧的时候，要马上中止。不要试图继续谈下去。此时你需要一个倾听者，这样你就能够私下里处理你已经压抑不住的挫败感、恐惧和忧伤。然而倾听者往往不大可能当我们有需求时马上出现，所以此刻能做的是让你自己“休息”。离开房间在别处转转，用力捶一个枕头，或在自己的卧室里踱步直到冷静下来。做一点活动好让那些伴随着强烈情绪而来的想“打一架或干脆逃走”的身体里的冲动释放出来。安排一个相互倾听的机会充分宣泄你的情绪。然后，向孩子道歉。向孩子承认我们在情绪之中所犯的错误，对于孩子来说意义非比寻常。

当问题急迫，涉及威胁到孩子或其他人，要果断地设立规定。由于可能发生的直接伤害，会有需要你立即进行干预的特殊的情况。例如，一个吸毒上瘾的孩子，或忍不住酒后开车的孩子，正迫切寻求一个强有力的支持者的帮助。在这些情况下，最好是立刻采取行动制止孩子不理智的行为，而不仅仅是口头命令。当孩子的情绪坏到足以危及他们自己和其他人时，他们不可能照着你的口头命令去做。在这时候，果断地提出要求，但不要抨击你的孩子，也不要试图讨论整个事态。孩子在情绪之中时，讨论不会有任何效果。如果你果断行动(比如，若他是酒后驾驶，拿走他的车钥匙)，严重的情绪将会爆发，此时尽可能留在孩子身边。你坚定地为他的安全挺身而出并倾听他的烦恼，能有效地帮助治愈身处困境的孩子的心灵创伤。

4.尊重、支持并且欣赏孩子

为了走向独立的人生，每个孩子至少需要有一个成人相信他，记得他的长处，而且能让他知道有人需要他、爱他。这种支持在孩子年少时是至关重要的，是青少年成功走过青春期的支柱。人们很容易把青少年在生理上的成熟误解成他们不再需要像对待婴孩那样的欣赏、慈爱、温暖和鼓励。而我们的青少年正在经历强化学习的阶段，他们必须面对的是一个在很大程度上忽视他们的需求的社会。为了又快又好地学习，孩子需要你的坚定不移的支持。他需要你用语言、温暖和爱的关注表示你的支持。

(1)对孩子表示尊重,赞扬你看到的他的优点。记住,你的孩子每天都会因为非常小的事情遭受批评。你可以让孩子知道你重视他,以此来弥补缺少对孩子尊重的现状。他的微笑、穿衣服的品位、对音乐的热爱、探索意识,以及除了自己的房间,他注意尽可能不让自己邋遢、不整洁的生活习惯影响家里其他的地方——你能够发现许多可以赞美和欣赏的方面。如果你想不起孩子能让你赏识的方面,寻找一个倾听者,说出那些困扰你的事情。当你说到一定程度,你就能够想起孩子让你赏识的方面。

我们成人很难保持以独立的眼光看待我们的孩子。影响我们的看法的是社会上普遍认可的衡量成功与否的传统标准——人见人爱的孩子、优秀运动员、体面的学习成绩、适宜交往的朋友、不穿奇装异服。如果我们的孩子表现出独特的个性,特别的才能,以自己饶有趣味的方式处理(或不处理)困境,我们可能会为此非常焦急和羞愧。难于赞同自己的孩子会严重阻碍你们之间建立起好的关系,如果你希望得到孩子的信任,你必须去除这个障碍。

所以请找一个倾听者,在你诉说的时间里,抱着以你的孩子为荣的态度。尽量重新找回自己公开表示赞许和热爱你的孩子的能力,不论他是否惹了麻烦。为了恢复对孩子的积极的态度,也许你需要回忆孩子小时候你们两个之间还没有产生很多麻烦时的情况。你这样做时可能会笑起来,随后不久你可能会流泪——这些情绪的流露表明你针对孩子的烦恼正在消融。不管在生活中孩子们已经惹出过多少麻烦,要为他们感到自豪是父母们的一个重要的努力方向。如果不这样努力,当孩子与他们必须解决的问题作斗争时,我们就不能成为他们完全的同盟者。

(2)支持孩子寻求欢乐和嬉戏的意愿。你的孩子需要你毫不动摇地支持他保有生活中的乐趣。他可能需要你给他公交车费去看最能和他一起开怀大笑的朋友们。当他和朋友们看录像时开始大笑并且把爆米花倒满彼此的衬衫时,他可能需要知道你也很开心。在长大成人这样一个相当严峻的过程中,你为让笑声和嬉戏成为孩子生活中的经常性内容而给予的帮助是无价的。

特别是当孩子们有机会和我们一起游戏时，他们会很放松并会感觉和我们很亲近。枕头战、打水战、摔跤和追人这些游戏能让孩子们想起生活是美好的，而且有我们在身边支持着他们。我们必须注意不要赢他们，但是要卖力地玩。大孩子们喜欢全力以赴的、大活动量的竞赛，但是我们在和孩子一起游戏时，必须保证不让他们感受到羞辱和挫败。在家庭以外的世界，年轻人已经面对着够多的强势威慑，和我们一起游戏时不应该再让他们觉得自己不够强壮和聪明。

(3)亲近孩子。十几岁的孩子对亲昵的需要和他在三、四岁时没有什么不同。亲昵接触仍然能最有效地让一个人知道有人需要他和爱他。不要因为孩子正在长大就不像以往那样经常和孩子拥抱、打闹、抚摸头发、相互偎依着看电视或者在临睡之前相依一会儿。亲情是在孩子很小的时候你就开始给予的亲昵接触中培养起来的。

如果你已经不再拥抱和亲昵孩子，那就重新开始，一点一点地恢复。在你重新开始表示你对孩子的爱意时，他可能会做出表示不屑的反应："哦，妈妈！"或"嘿，爸爸，你拍我的样子就像我是你的小狗！"这样的反应表明，必须花大气力才可能重新恢复你们原有的能容易地表达彼此之间的亲情的能力。不要把孩子的反应当做要停止的信号，但要认真地听。孩子可能会告诉你，是你自己的尴尬使你显得僵硬和笨拙。

此处有一个忠告：当他的朋友在场时，让孩子决定你们相互表达亲情的方式和程度，至少在最初要这样做。因为在这种场合，你的一点点失误都可能让孩子遭到难堪的嘲笑。

请保持乐观的态度。你要识别和处理任何怀疑孩子能力的情绪，任何你可能有的对周围世界的冷嘲热讽。年轻人每天面对着大量的挫折，他们不需要再添上来自我们的压力。新闻媒体关注的多是问题，很少关注问题的解决办法。我们得到的信息往往是关于无赖，而不是英雄。孩子们需要我们弥补这个空白，让他们接触到有用的和可行的意见和建议；需要我们介绍那些致力于使世界更美好的人进入我们的生活。如果我们努力为孩子提供生活会更美好的希望和信念，他们就不会陷入太深的困惑。

针对青少年生存的恶劣环境，我们身为父母可以做很多事情。当我们怀着尊重、关切之心充满希望地看待孩子们的未来、情感、顽皮并相信他们的能力时，就是在帮助他们。

我们不是非得成为完美的父母才能给孩子关键性的支持。他们需要的是我们始终真诚地欣赏他们，在他们的奋斗中做他们的同盟者。我们这样去做，也正满足了要尽自己的一切去爱孩子的心愿。我们依然是积极履行职责的父母，所以继续得到身为父母应有的回报。我们继续思索、倾听、采取主动。我们铺就了一片由信任和关怀构成的沃土，让孩子能够赖以茁壮成长。

提示与思考

1．请回顾自己的青春期是如何度过的？那时你对自己的父母或其他成年人有何看法？是否对他们抱有期待？

2．父母和子女之间的“代沟”是否必然存在？如果你和子女之间已经存在“代沟”，是否希望做出改变？是否愿意尝试运用“倾听”的办法帮助你跨越“代沟”？

九、建立倾听伙伴关系

倾听对方

初做倾听者的人需要经过练习才能学会集中注意力。爱插话的习惯会妨碍我们好好地倾听别人。平常聊天时，谁都可以在自认为适当的时候打断别人，也可以随时转移话题。当某个话题已经被说够了，或者有人害羞受窘时，我们常常会认为自己有义务去“把球接过来”。其中还会有竞争的因素：谁都愿意在闲聊中出出风头。此外，我们还利用闲聊来达到各种目的：交换思想与意见，收集和发出信息，让别人了解自己的感受，寻求各种关系。但是，与你的倾听伙伴在一起时，这些目的会受到很大限制。

在倾听伙伴关系中，倾听者的目的是协助他的伙伴发挥出全部的才智，仅此而已。由于这种相互关系的目的是明白确定的，这种关系可以有非常大的作用。日常的闲聊使人的思想漫无目的，收集到的信息也是只鳞片爪，杂乱无章。而一个相互倾听的伙伴关系会铺就一条窄窄的，但很可靠的小路使双方都能达到更好地运用自己的才智的目的，这条路每次只由一个人来走。

在相互倾听时，一个人听，另一个人说。听者要把全部注意力放在对方身上，说者则循沿他自己的思路。

例如，在一次非正式的5分钟的倾听过程中，一位母亲在一个日托幼儿园里得到一个重要的发现。老师告诉她，她的儿子几乎一整天都很焦躁不安。于是这位母亲开始打开了话匣子，老师只是注意听着。她对老师说到，过去这一星期她有多么紧张，她儿子的麻烦简直就是能把她最后压垮的那根稻草！她说到工作中的压力、出差在外的丈夫、她姐姐打来的令人

心烦的电话。说到某处，她露出“我简直要垮了”的表情，接着就哭了起来。然后她的心思转到了儿子，不明白儿子为什么坐立不安。她说上星期他曾很烦躁，她带他去看过大夫。大夫发现他一只耳朵感染了，他吃过了药，所以不会有问题。那会是什么呢？然后她突然顿住了。等一下！假如抗生素没治愈那感染呢？离去时她决定至少先解决一个紧迫问题——带儿子再去看大夫。儿子的耳朵果然还有炎症。

由于简单的倾听，这位母亲恢复了自己解决问题的能力。他人的倾听使她能简略扼要地清理自己成堆的难题，然后注意到儿子的问题。倾听者所给予的关注、尊敬与时间就是对这位母亲有效的帮助。

保证有效倾听的四条重要原则

作为倾听者，我们要遵守四条原则。这些原则简单易懂，但要应用得好，则需要经过思考与练习。如果在相互倾听中你能遵守这些原则，就会发现自己可以更有效地倾听。作为母亲或父亲，妻子或丈夫，雇员，朋友，某团体负责人等等，你也能与他人建立起良好的关系。总之，要做到有效的倾听，你应当做到以下四条原则。

1.尊重倾听伙伴，相信自己的注意力的效力

首先要接受下面这个假设，即你的倾听伙伴是聪明可爱的，有能力建立良好的人际关系。出现问题的原因在于，生活中遭受过的多种伤害使他不能清楚地思考问题，这不是他自身的过错。那些伤害时时会妨碍他运用自己的学习的能力、爱的能力、面对各种挑战的能力。作为倾听者，你要决心给他最好的注意力。要设想你的倾听和关注会对他很有帮助。当你决定要好好地倾听时，你就给他提供了一个安全的场合，使他能够放松地思考问题。随着你们彼此间信任感的增长，他在诉说中会触及较重要的问题，并释放出有关的紧张情绪。

对于倾听伙伴完全的尊重，意味着你对他的看法应包括如下几点：

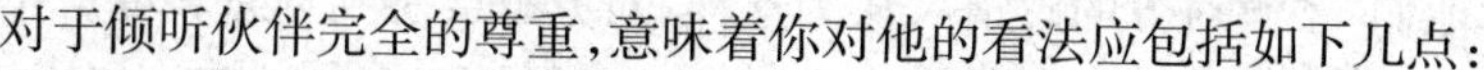

(1)认为对方总是在尽力照料好子女，并力求做得正确。即使对方做

得不够好，也并不是因为他人“不行”或有“不良”个性，而是因为他在某些方面受过重创，不应该把他遇到的麻烦归咎于他。

(2)认为他的固习(例如，每当孩子们弄乱房间，他总会发火)可能反映出他在小时候是如何受到伤害的。

(3)认为他能够越来越有效地利用你的尊重和注意力。在你作为倾听者的帮助下，他能够摆脱那些与旧创伤有关的行为，从而表现出他的爱、关怀与智慧。

简而言之，要把对方看成是一位善良的、有能力的人，由于旧日的创伤而背负着某些固习。只要你在做倾听者时对他的智慧、爱心以及应付挑战的能力抱有信心，你就不会出大的偏差。

2.专注倾听于对方的问题，不分心

这一点对于倾听者来说是不容易做到的。你一定要把自己的问题、体验和反应丢在一边，集中全部注意力倾听对方的问题、体验及情绪表现。你自己的问题当然也很重要，可是按照约定你只该在轮到你谈时才去考虑它们。为了更好地倾听对方，要尽量避免下面的谈话习惯。

1)想谈你自己的经历

大多数人都没有意识到我们经常要把别人的注意力引向我们自己的问题和想法。下边的例子表明，当一个倾诉者开始一个话题时，倾听者是如何把注意力引向自己的话题的：

诉说者：“现在我和女儿的老师的关系很不妙。女儿回家时一副垂头丧气的样子，说史密斯女士不喜欢她，而且现在全班人都不喜欢她了。我找史密斯女士谈过一次。她看起来还不坏。我没法……”

倾听者：“我知道你谈的这个人！我的朋友的儿子去年的老师就是她。他们也不喜欢她。天哪，如果你的孩子与老师的关系搞成这样就太糟糕了！……”

在普通闲聊里，这样的反应通常被认为是“友善的同情”，人们往往想表示他们“了解对方的感情”，认为这样，对方就会感到宽慰。可是作为倾听伙伴，你并不是要安慰谁。你是在协助对方运用自己的智力解决问题。

尽管你可能有许多类似的经历,却不必在对方诉说时把你的经历说给他听。不过,为了协助他思考,你也许应当对他有所反应,以促使他进一步思考。例如:

倾诉者:“我已经与史密斯女士谈过一次。我不知道究竟是我女儿自以为别人不喜欢她,还是老师确实与她过不去。我简直不知怎么办!”

倾听者:“那么你估计到底是怎么回事?”或者,“我肯定你能发现到底是什么问题。你想过要怎么做吗?”

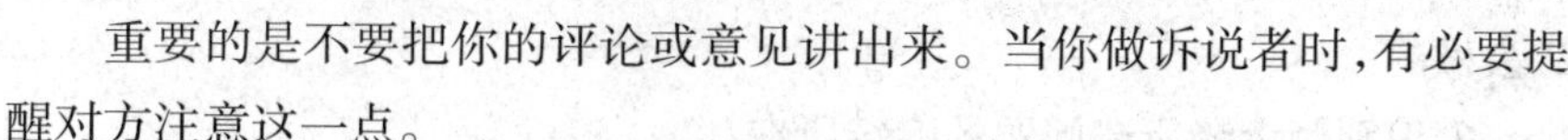

重要的是不要把你的评论或意见讲出来。当你做诉说者时,有必要提醒对方注意这一点。

2)急于作出反应而打断对方的谈话

我们往往用自己感情色彩很浓的反应打断对方的叙述。我们会以为对方情绪悲伤时,假如我们表示同情,他就会觉得好受一些。实际上对方正利用我们的倾听努力清理自己感情上的一团乱麻。当我们对他表示同情时,实际上就停止了对他的帮助。

例如,一位母亲一开始可能会告诉你,她的孩子上星期做了一个紧急手术。善于倾听的人会简单地说:“唉,真可怜。”同时握住她的手。假如与对方很熟悉,还可以搂住她,继续听她叙述事情的经过及感觉。她的倾听者会抑制住想让对方注意自己的反应的冲动。在日常的闲聊中,别人会立刻打断这位母亲,开始讲自己的经历(“天哪!一定很可怕吧!可怜的小家伙,多可爱的小人啊!你一定累坏了吧!知道么,当年我的孩子进医院的时候,我……”)致使她无法继续清理自己的思绪。

3)人们往往问很多问题以满足自己的好奇心

出于好奇心,我们可能问对方很多问题,从而把注意力从对方的问题拉到自己的问题上。在倾听伙伴关系中,你应当倾听,而不是满足自己的好奇心。这样做很不容易。但是只有这样,对方才能够边谈边思考。对于对方来说,你给予的注意力是鼓励他充分地谈自己的问题的基本保证。类似这样的问题,如:“哦,你在城北住过?我妻子是那儿的人。你喜欢那地方吗?”或者:“你和孩子在一起度周末——就是说你也有孩子的监护权?”

如此这些都会使对方为了满足你的好奇心而打断自己的思路。即使对方停止叙述，不知道再讲什么好的时候，你也不要出于好奇心去提问题。此时，他可能是还不习惯自己把握思路。因此，你应该尊重他的能力而不必急于救他出"冷场"。你应当热情地鼓励他讲出他头脑中即刻出现的念头，让他知道他做得很好，在他默默地思考时，你也很乐意给他关注。

遵守了这前两个原则，即尊重对方、并且不让自己的问题干扰对方，可以保证你给予对方有效的倾听。后面的两条原则是你在倾听时要努力费心去做的。

3.识别倾诉者所谈问题的症结所在

我们常常认为一个人的言谈举止是他"个性"的一部分。例如，"哦，请别在意！乔治去看望父母之前总是情绪不好！"或者，"塞拉就是那个样子！动不动就对孩子发火。那次孩子们在我家拿了点儿去了核的橄榄，她差点儿揍了他们的屁股。"作为倾听者，你的作用是要能看出对方的态度、行为和反应可以分为完全不同的两类。一方面，你看到对方聪明、热情、热爱生活、热爱周围的人；另一方面，看到对方的固习，它们反映出对方的旧日创伤。例如，乔治并不是天生脾气不好。他在探望父母之前爱发脾气是因为他突然被某种郁结的不安情绪所控制，这种情绪是他享受生活的障碍。塞拉动不动就责骂孩子并不是因为她天生对孩子严厉，而是由于不必要的（或许是长期的）紧张情绪损坏了她判断什么游戏对孩子有益的能力。

以下几点可能有助于你学会识别对方在倾诉时表现出的紧张情绪。

1）对方要谈的旧日创伤会显露出来

人们对一个好的倾听者诉说时会利用其热切关注。他们或者直接说出，或者间接地显示给听者，总会让自己的旧日创伤显露得越来越清晰。你会注意到倾诉的对方很热切地开始讲述自己的生活经历，然后你会听到他的谈话中重复出现一个有关受到伤害或感到困惑的话题。不过对方此时并不一定意识到自己已经把这个话题讲出来了。人们由于太习惯于这些伤害，他们会以为自己的固习是正常的。这里有两个例子，倾诉者在谈话中显露出某种影响了他们的热情和主动性的情绪。其中一个直截了当，

另一个比较含蓄。

诉说者:“我太累了,今晚上甚至不想跟你说什么。我差点儿打电话取消今晚的咨询。不是因为你,是因为我的生活。我的两个男孩子都病了。哈利(她的丈夫)出门了,要到星期二才回来。星期一我会在家,可星期二我必须上班。我母亲真是好心,要来帮我一把,可我不能总靠她。我不愿意让她看到我的生活一团糟。我真觉得自己不行了。我怎么就不能把事情处理得好一些呢?”

另一位不那么直截了当:“我不知道该做什么。我该谈些什么呢?我真没多少好谈的。这个星期一切正常。我开车去了盐湖城,还不坏,用了三天。回到家挺累。我想我的男孩子在学校有麻烦了。他把吃的东西扔到另一个孩子身上,被开除了。现在你能做什么呢?这些男孩子!真弄不明白!等我回到家,事情已经过去两天了。我还能怎么办?”

你能从这两人各自的谈话中,识别出其中所包含的有关旧日伤害的内容吗?两个人的谈话都是刚刚开始,但主要的问题已经摆到桌面上来了。第一位需要调整自己已经精疲力竭的感觉。她可能正在以自己的姿势告诉倾听者说,她不再是从前那个生气勃勃的、快活的自己了。感觉疲倦使她懒于行动。的确,她在体力上是疲倦了。但使她对生活、对自己都丧失了信心的是其他某种伤害。她在要求你协助她对付自己的疲倦感以及隐蔽在其后的沮丧情绪。

在第二个例子中,那位父亲在叙述中重复了很多次,说他觉得自己不知道如何是好。他的谈话中漫延着这种情绪,渗透在他对自己孩子的问题和对年轻人的总的态度上。他让倾听者了解是这种情绪妨碍他在生活中采取主动,但他没有说出,“我从来就觉得自己不知道该做什么。你能帮助我吗?这样下去我会一事无成。”他给倾听者判断他的问题留下了不少线索。可是由于他对这种情绪太习以为常,以至于认为自己有这种情绪是很自然的。

2)如果你不明了关键问题,请注意对方谈话中的线索

当你的洞察力磨炼得较为敏锐时,你将学会放松地等待对方把问题谈

出来,即使不是以直截了当的方式。有时候对方含有激情的或是带强调意味的一个词或一句话都可能揭示出主要问题。要特别留心对方谈话时再三重复的话题、短语、面部表情、语调及手势等等。带有情绪的或重复出现的语句、手势会帮你顺藤摸瓜,找到值得注意的问题。例如:

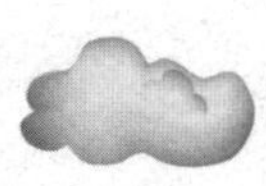

诉说者:“这个星期我儿子糟透了。他怎么也不肯着手写作业报告。现在他的功课落后了,甚至更糟。他懒懒散散,干不成一件事。每当他这样子我就躲开他。你知道为什么吗?我可以感觉到随时会(做了一个挥手的动作)给他一下!我几乎从来没有打过他。可是当我瞧见他那懒洋洋的劲儿,我……”

倾听者以一种友善的、感兴趣的口吻问:“这是什么?”(重复对方刚才的手势)。

诉说者笑了一下,说:“哦,可是你瞧,我实在不想打他。我一直尽力不打他。我只是想想而已。”

倾听者依然友善地说:“这么说说并不会伤着他。这个动作什么意思?是这样吗?”(重复挥手动作)。

诉说者笑了笑,说:“是。我想是这样。每次我想这样做时我就走开。”

倾听者问:“你挨过打吗?”

诉说者答:“是的,好多次。常常是妈妈打我。每当她受不了我们时,我们就会突然挨一顿打。我们从来也不知道怎么会挨打。喔!一次,我妈妈和我……”

就这样,诉说者开始讲小时候是怎么受到伤害的。

当对方在你的帮助下集中在一个话题上时,他往往会讲起往事。人们常常不能超越当前生活中的障碍,因为他们背负着幼时所受的伤害。所以当对方的谈话回到很久以前所受到的、未被治愈的心灵创伤时,也就是你的帮助产生效力的时候。他没有绕开主要问题,他运用了你的注意力去探寻他日常烦恼的根源。

3)请显示出你对诉说者所讲的事很关注,但不要加以评论

当听到对方讲到自己的一些行为,而你认为这些行为反映了他曾受到

的伤害时，你应做的是帮助他不要离开这个话题。请不要做什么“心理分析”。不要说类似这样的话：“听起来你与母亲之间有很多事让你生气。”或：“我猜，你感到压力这么大是因为你从小在家里受到严厉的管束吧。”对方需要自己把事情弄明白。因为只有这样做才会找到对他真正有用的信息。有成效的倾听只需要听者显示出很关注对方的叙述及其有关的情绪就可以了。例如，对一位父亲的有效倾听是这样的：

诉说者：“下周末我得去看望父母。他们住在芝加哥。可我真不想去。工作紧张。孩子们也太气人。昨晚，他们太让我恼火了。他们无论干什么事都让我生气。但是我想最让我烦心的还是这趟芝加哥之行。我……”

倾听者：“是什么让你心烦呢？”

诉说者：“我不知道。不知道。真不知道。只是觉得有什么地方让我不安。我想取消这次旅行。可我知道我不能。我现在只能是拼命干活，好不去想这件事。你知道这是什么滋味。”

倾听者：“这趟旅行会怎么样呢？”

诉说者：“真要命，我不知道。过去不是这样的。过去我一向很乐意去看父母。一向盼望着去看他们。现在我可实在不想去。我总是想找出一切可能的理由取消这趟旅行。”

倾听者：“还记得你第一次不想见父母的情形吗？”

诉说者：“唉，不知道。哦……我想第一次不想去看他们的那次是父亲犯心脏病的时候。我不想看见他躺在医院里的样子。我拖了三天才去看他。可我到底还是得去医院看他。天哪！”（显出痛苦的表情）

倾听者：“你去医院时发生了什么？”

这时，他们才开始接触到问题的实质。倾听者用简单的提问使诉说者不离开话题。现在，诉说者已开始谈到当年他见到父亲病弱无力的样子时的感觉。他慢慢平静下来。随着回忆起更多的细节，他的眼中涌出泪水。也许在他的紧张情绪的背后还有其他原因。或许他慢慢会谈到有一位他喜欢的叔叔就死在那家医院里。当时他还很小，又惊恐又悲伤。

4）假如需要，帮助对方着重于所受到的伤害

许多时候诉说者会很好地集中在一个话题上，不需要你的协助。假如他能保持同一个话题，你只需倾听即可。他的诉说进行正常。关注、单纯的倾听会增强对方对你的信任，最终会使他在你的倾听下释放出紧张情绪。

也有时候，对方会很快地掠过你认为可能很重要的一个话题，迅速移到其他话题上去。他可能会时不时地再触及到那个话题，但是每次都立刻滑到其他话题上去。此时你要耐心等一等，听下去。假如你认为他可能是害怕停留在那个话题上，那么等该话题再次出现时，你就说："我们能就这个问题再谈几分钟吗？"或者"不管怎么说，你对这件事怎么看呢？"你的鼓励可能正好能使他把注意力放在该问题上。不过，也许他会决定先放一放，等到对你更信任些时再谈。在这种情况下，你要明白谈那个话题需要更多的信任，或者是要等到其他更重要的问题解决之后才会轮到该话题。作为倾听者，你的任务是引导对方把注意力集中在他自己提出的话题上。但是，掌握这个倾听过程的应是诉说者自己。他会运用自己的判断力，决定哪些话题更重要，谈这些话题是否足够安全。

你可以问一些有关的简单问题来帮助对方将话题保持在他所受到的伤害上。你的目的在于帮助他概述发生过的事及其对现今的影响。询问他的感觉，是什么引发了他的不良情绪和反应，他谈到所受伤害时想到了什么，他最早的记忆中是否有过类似的情绪，或见到过类似的行为。记住，如果你提的问题只为满足自己的好奇心，那么他会感到很不安全。还要记住，不要想去"分析对方"，也不要认为指出那个伤害是对他重要的帮助。事实上，唯有对方自己谈出所受伤害才能使他对问题有新认识，并释放紧张情绪。这里有些如何提问题的例子，可能有助于让诉说者不走题：

倾听者："你能再谈些有关的情况吗？"

"请再说一遍。"（请对方重复他刚强调过的短语等）

"那是什么时候开始的？"

"你什么时候开始有这种感觉的？"

"你还记得头一次发生这种事的情况吗？"

“到底是什么让你有这种感觉呢?”

“这让你想起了什么?”

“这让你想起了谁?”

“这让你想做什么或说什么呢?”

“情况有没有过例外呢?”

4.协助倾听伙伴释放紧张情绪

一旦对方能够把注意力集中在他需要帮助的问题上,就该进到下一个步骤了。你要时刻准备着帮助他宣泄紧张情绪。没有人教过我们如何宣泄不安情绪。大多数人都以为不良情绪以及它所导致的僵化的反应是我们生活中注定要发生的,以为自己就得长期忍受这些。

事实上,我们原本天生有能力宣泄紧张情绪。我们小时候都曾试图运用这种能力。现在我们仍有可能重新发掘这种能力以逐步摆脱诸如悲伤、恐惧、沮丧、困窘等情绪,使它们不再继续腐蚀我们宝贵的能量与热情。越少有不良情绪,我们就越接近于真实的自己。不论对自己还是对他人,会更有信心和耐心。我们会更明白自己要做什么,能够使家庭和社会变得更好。我们对子女的抚育也会更为理智,更能反映出对他们的爱。建立相互倾听的关系可以创造出理想的环境,使我们重新温习修复情绪的过程。

下面让我们暂时把这个话题放一下,先解释一下人们是如何受到伤害的,又是如何摆脱那些令他们陷入困境的紧张情绪的。

在说明情绪修复过程时,我们先从儿童时期谈起。因为儿童是这方面的专家。先谈儿童时期的另一个原因是,正如人们在咨询中常会意识到的那样,他们的很多不良情绪都源于孩提时期。那时人最容易受到伤害。

(1)人天生能够相信他人、热爱他人、与他人合作、乐于接受挑战。还记得刚学走路的幼儿是怎样面对生活的吗?早晨一醒来他们就开始对各种事物跃跃欲试。他们信任你和其他他们熟识的人,友好快活地对待每一位亲切地和他们一起玩的人。他们精力旺盛,没有什么让他们害怕。尽管学步时会摔倒几百次,他们从不气馁。你打扫厨房、地板时他们也会出现在那儿,想做打扫。他们会认真地把扫帚拖来拖去为自己所做的事而自

豪。他们对自己的能力很自信,从生活中获得巨大的喜悦。你也曾有过如此强的自信心与自豪感。

(2)对于幼童每一次伤害都是一次沉重打击。父母的责骂对于幼童有如发生了天塌地陷。他会惊呆一秒钟,然后号啕大哭。假如你不耐烦地要把扫帚从他手里拿开,他会大发雷霆,扑倒在地。在他快活自信时,没有人能比他更敏锐和活跃。当他受到伤害时,也没有人会比他更伤心。哪怕是很小的伤害,他也能深深地感受到,从而对他留下持久的影响。你也许会记得小时候曾多次被深深地伤害过。那是因为,对于儿童,许多伤害都是沉重的打击。

(3)儿童常把受到伤害的原因归咎于自己。疏忽、被虐待或环境等原因会使孩子受到伤害,同时也会引起他们情绪紧张。一次受伤害的体验对成人也许算不了什么,却能使孩子感到气馁。孩子会把发生的事理解成个人的问题,认为自己遇到倒霉事是一种迹象,说明自己有毛病。因此,当一个孩子受到妒忌的兄弟姐妹捉弄时,他不会明白这是因为对方充满了焦虑。他相信别人骂他是因为他确实是“蠢货”“笨蛋”“臭东西”。每当孩子感受到伤害,他认为自己有问题的想法就会得到一次强化。这种想法使他的行为失去应变的活力,就像鞋里的小石子会妨碍阔步行走一样。

(4)孩子会由于遇到困难而责备自己。孩子受到伤害并不是他的过错。但是,长期的困扰会使他相信自己的坏情绪及思维迟钝都是由于自己“本来如此”。

(5)未愈合的创伤会使孩子的行为僵化、不理智。每一次未经处理的创伤都会夺去一部分孩子天生的灵活的、有创造性的才智。例如,一个孩子挨了哥哥的骂之后,不会再接着与哥哥一起玩。他会躲开哥哥,表现出很强的自卫心理。他无法去注意哥哥什么时候有好心情能和他好好玩。这类埋在心里的伤害削弱了他的应变能力,抑制了他原有能够分辨环境的细微差别的能力。这类伤害会使他对某些事物只能作出僵化的反应,而不是经过了解后再作适当反应。

(6)儿童生来就知道该怎样治愈创伤。假如孩子受伤害时,母亲或父

亲能来到他身边给以关注,他就能尽量地把心头的不快倾倒出来。感到悲伤他就会哭,感到惊恐他就会发抖、出汗,感到沮丧他会大发脾气,感到胆小和不好意思时就会大笑。他也会打哈欠以排除体力上的疲劳和紧张。他这些表现会既烦人又费时间,但是因伤害(例如,有人对他说,“你想要的东西没什么要紧。”“你太讨厌了。”“哥哥受不了你。”等)而造成的不良影响却将会随之逐渐消失。如果父母能容许他大哭、发抖、大发脾气,他就会恢复自信心和愉快的心境。然后他会把这次伤害看成生活中无害的小烦恼,而不是永久的挫折。

我认识一对兄弟,一个两岁,一个四岁。一次他们要比谁跑得快。母亲在外面陪着他们。第一次哥哥赢了。母亲为他叫好,然后搂了一下弟弟,对他说,他也跑得很好。他们又赛了一次,这次弟弟跑了第一。母亲过去搂住他,热烈地祝贺他。他却放声大哭,说,“妈妈! 不对! 不对! 不对!”母亲感到莫名其妙,不明白他为什么说“不对”。她继续搂着他,一边听他说,一边告诉他她很高兴他跑了第一。终于,他抬起头来,对她说,“不对! 我是第二。哥哥是第一,我第二!”然后又大哭起来。于是,母亲又重复告诉他确实是他第一,哥哥第二。15分钟之后,他停止哭泣,过了一会儿,问道,“我是第一吗?”当母亲回答“是”之后,他平静地走开去玩了。

这是怎么回事呢? 好久以来,弟弟就一直有个牢固的意识即自己总是第二,并为此感到很不幸。当他赢得第一并让妈妈很高兴时,这一现实就触动了藏在那个固定的“第二”意识背后的痛苦情绪。当他的痛苦情绪随着大哭宣泄出来后,创伤也随着愈合了。此时,他能够重新认识自己了:作为老二,他实际上也可以成为“第一”。治愈过程就是这样进行的。

与孩子一样,当成人在谈到自己的烦恼时,也会有哭、笑、发抖、出汗、发脾气或打哈欠等行为。他们在摆脱与所受伤害相关联的紧张情绪。然后,灵活的思维与行动能力得以恢复。他们变得更为理智,更快活,更加自信。

(7)治愈过程常常被打断。大多数情况下,人们很少能获得足够的安全感来应用这个简单有效的治愈过程。大多数父母都把上述的治愈过程

看成是不正常的，认为阻止孩子的情绪宣泄是他们的责任。人们从小就必须忍着不哭，不发脾气，不流露恐惧感。由于没有机会宣泄各种不安情绪，每一次伤害都会加深我们恢复自尊和对生活的热情的难度。

尽管我们不常看到成人应用治愈过程，它却是人们天生就会使用的。孩子从小就知道如何使用它，每个婴孩都认为在她由于情绪不安而哭泣时，父母会来关心她。倾听伙伴关系创造了一个理想的环境，成人可以在其中重新温习这个治愈过程，通过它去解除那些妨碍他们去爱、去欣赏、去了解生活的各种不良情绪，从而主宰自己的生活。

(8)倾听能够启动治愈过程。倾听伙伴关系所形成的一种机制能在大多数情况下使治愈过程自动开始。抱着尊重的态度自然地倾听对方，经过一段时间就会开始赢得对方的信任。这种信任会使对方逐渐放松对自己的哭、笑、发抖等各种情绪表露的控制。治愈过程一旦开始，你只需继续友善并持久地给对方以关注。你向对方表露出来的友好态度，如爱、尊重、欣喜、信任等等，对于他生活中所受伤害留下的影响是强有力的冲击。例如，你让一位母亲知道她很好，很有勇气，她就不会继续盲目地相信自己是胆小鬼。她在述说自己计划在下次孩子学校的家长会上破天荒发一次言时，她会出汗和大笑。你告诉一位男士说他是位很可爱的父亲时，他起初会怀疑地大笑。可是他很快会由于信任你而哭起来。他一直把孩子的问题归咎于自己，而你对他的肯定却对他的固定想法提出了质疑。

再重复一遍：倾听伙伴关系中，一位关注的倾听者对于对方所抱的态度举足轻重。持之以恒的积极态度为对方提供了他所需要的支持。这种支持是对方在早先受到伤害时所缺少的。现在当他谈到自己的问题时，你的关注恰好填补了过去的空缺。这样许多年前由于没有关注的倾听者而未能完成的治愈过程此刻终于可以进行下去了。完成这个过程很费时间，但很值得。足够的情绪宣泄通常能使成人彻底地改变他们的生活方式和生活态度。他们能够克服自幼形成的一些不理智的行为。经过几次相互倾听之后，你会发现对方开始能够大笑、发抖、出汗、发火或打哈欠了。这表明治愈过程开始运转了。

现在我们可以回过头来继续介绍保证有效倾听的第四个原则:协助倾听伙伴释放紧张情绪。运用以下的方法可以使治愈过程得以持续并生气勃勃。

1)帮助对方大笑

大笑可以非常有效地解除紧张情绪。只要对方发出笑声,你就尽量让他把注意力集中在让她发笑的那个念头上。你可以模仿他的声调,重复他笑着讲出的话,或随着他大笑。当他停止笑,想让自己镇定下来时,你要快活地再一次重复他的话,或者表示领会地点点头,看看你对他那个念头表示欣赏是否会使他再次发笑。人们通常会在一阵大笑之后立刻使自己镇定下来。但是你能抓住那个转瞬即逝的机会,运用自己倾听的技巧来改变这个状况。如果你能有办法让对方的注意力再次掠过那个好笑的念头,他会再次放松地笑起来。有时候,那个诉说者会不清楚自己究竟在笑什么。那很好。那意味着治愈过程进展得很快。因为你让对方感到很安全。笑声的奇妙之处在于,当你寻求它时,它会迅速在你与对方之间建立起某种难以替代的安全和亲近感,往往会带出对方内心深处的情绪。对方在5至10分钟的大笑之后会突然转而发抖或哭泣。这在儿童身上表现得很明显,亲近他们并让他们大笑,然后他们常常会突然找茬号啕大哭。所以一个有经验的倾听者会有意地促使对方发笑,并让笑声持续下去,以赢得对方的信任,使其能充分宣泄紧张情绪。

2)帮助对方处理惧怕情绪

惧怕会使人忍气吞声。这很像某些动物会以“装死”来躲过危险的做法。人们在害怕时也会做出若无其事的样子。我们许多人小时候都曾这样做过,以免被人耻笑。假如对方悄悄地告诉你,他感到害怕,你就鼓动他做比较激烈的活动,并弄出声音来。有时还可以根据对方的具体情况,要对方作出害怕的样子并高声叫喊。另一种有效的方法是要对方站着用力地推搡你,就好像他终于能够竭尽全力对付一个他所惧怕的人或情况。

一旦对方开始发抖或冒汗,你要鼓励他不断地重复有关的动作或词句,正是该动作或词句开启了他的治愈过程,不断地重复能使他的注意力

保持在有关的内心创伤上。如果对方说他有点头晕,你就要更靠近他一些。某些恐惧的释放须要倾听者紧紧搂住对方并不停地讲些表示信任和鼓励的话。例如,在处理因幼年挨打而引起的恐惧感时,你可以先要求对方充满愤怒地坚定地重复说:"你敢碰我!你敢再打我一下!"治愈过程开始后,他会又感到害怕,需要你搂紧他,给他鼓劲。比如,你可以用有力的声音说:"再告诉他一遍。来吧,对他说不许他碰你。你能办到。再对他说一遍。别让他就这么走了!"帮助对方通过发抖和出汗摆脱恐惧需要你作为倾听者满怀信心地不停地给予鼓励。热情的鼓励能使他不再退回到原先那种忍气吞声的状态。

3)帮助对方哭泣

什么情况允许哭泣对每个人都是不同的。不同的家庭对于情感流露会有不同的态度。有些人只能在独自一人时哭泣,因为在他们的家庭里孩子从小就不许哭。有些人则需要有个关心体贴他的人搂住自己才会畅快地哭。有些人哭的时候不喜欢让别人拥抱。还有的人会边笑边哭。你可以通过试验了解在什么情况下对方能够畅快地哭泣。可以试一试你认为可能会有帮助的做法,注意对方的反应。如果在他开始哭泣时,你关切地靠近并搂住他,结果却使他止住了哭,你就要轻轻地回到原来的位置上去。现在你知道,尽管用心是好的,这个做法却是无益的。假如你紧握一下他的手以后他哭得更厉害了,那就再握一下,并且向他靠得再近一点。

一般说来,人们都渴望自己在哭泣的时候被别人拥抱和被理解,即使在现实中他们还只能在独自一人时才哭泣。当你与对方还处于建立彼此间的信任阶段时,作为倾听者你可以试着逐渐向对方靠近,但一定不要影响对方的哭泣。过于迅速地靠近对方会使对方感到不安,误以为你可能行为不轨。建立信任感需要一个过程。当然,你还可以在倾听之前或之后询问对方,在他开始哭泣时,他希望你怎样做。

4)协助对方处理隐藏在愤怒之下的悲痛与恐惧

如果一个人感到孤独、不能信任他人、不被他人所爱,悲伤和恐惧的情绪就得不到及时宣泄,就会紧紧地郁结在一起,成为我们所说的愤怒情绪。

倾听者先要鼓励对方述说他的愤怒情绪、其缘由以及是如何触发的。如果述说过程中未见伴有笑声、眼泪或发抖，就须考虑如何协助对方打开那郁结成团的情绪。

在许多人看来，愤怒是一种不应流露的情绪。他们会尽可能地把它掩藏起来。如果你觉得对方是这种情况，可以让他充分地表露出自己的愤怒，从而有可能帮助他释放出被抑制的眼泪和战栗。然而，让他表露愤怒并不是你的实际目标。只是为了能够启动治愈过程，使他能够深入到隐藏在愤怒之下的痛苦情绪，通过哭泣和发抖把它们释放出来。

不过，假如对方在表露愤怒时往往会伤害与他亲近的人的感情，同时仍不能引发出他的哭泣、大笑或发抖，你可以采用另一种方法。可以鼓励他去说一个弱小的、但尚未完全丧失对他人的信任的孩子在受到伤害时可能说的话。例如，"快来呀，我怕极了。"或"你是不是不关心我？"或"你干嘛要这样伤害我？"这样就有可能使他意识到那些由于安全感不足而尚未谈及的痛苦情绪。此时你的理解与支持会有助于他松弛下来，最终允许自己把这些情绪宣泄出来。

5)协助对方打哈欠

做父母的通常会感到相当沉重的压力。当有人倾听时，他们会立即开始清理自己的思想和情绪。他们会用大部分时间处理紧张情绪。不过，有时候，你会注意到对方在述说过程中会有几次一连串地打哈欠。他是在释放身体上的紧张。不要打断他，也不要试图让他去做什么别的"重要"事情。释放这种身体上的紧张对于他很重要。打哈欠时，他的思维会快速地扫描众多事件，掠过那些不带情绪色彩的事。对此，你应当感到很满意，不去干扰他。他正在很好地运用治愈过程。

6)协助对方发脾气

发脾气有助于消除挫折感。在你的倾听伙伴中，很少有人会有足够的安全感向你发脾气。成人发脾气往往是不可预料地当场发作，当着自己最亲近的人的面。也就是说，一个人的配偶、最好的朋友或是孩子，有可能时常看到他发脾气。他在发脾气时，需要在场的人的关注和不予干扰。人在

发脾气时会大声吵闹、出汗、捶胸顿足，但不是可鄙的暴力行为。他可能会跺脚，不经意地乱扔书本或报纸，或捶打沙发。吵闹和剧烈动作会突然同时爆发，这能释放出他无法承受的挫折感。过后他一般会感到有些尴尬，或者会接着大哭一场。这样，他就排解掉了大量的不良情绪。

通过述说自己的生活来解除紧张情绪所需要的安全感是逐渐形成的。你的倾听伙伴多半会在第一次与你会面时以述说为主，观察你的为人，看你是否能倾听他。要了解对方对你作为倾听者有何要求的最好的办法是，注意观察在你们的相互倾听中怎样做是有效的，适合你的做法不一定适合对方。倾听的基本原则是适用于每个人的，你可以学习运用它们并不断地做各种尝试。大多数有价值的心得都是通过不断尝试才得到的。

轮到你做诉说者的时候

轮到你做诉说者的时候，你有机会审视自己生活的各方面。一开始你很可能会感到有些尴尬或不安，因为我们大多数人都不习惯于完全享有另一个人的注意力。尽管最初会感到没有把握，你可以相信自己能够尽可能地运用对方的注意力。你是个非常聪明的人，正在探索一个全新的事物。当有人把注意力集中在你身上时，你的每一个想法和意愿都是重要的，值得一谈的。

1. 从你一生的经历开始谈起

你不妨从讲述自己的生活经历开始，自你最早的记忆起一直谈到现在。按照时间顺序，讲述你所想到的事。这使你得以回顾以往的生活，并能够注意在自己的述说中是否有重要的话题一再出现，也要注意是否有什么事使你发笑、哭泣、打哈欠或发抖。如果有，你要留意，以便下次能对于该事谈得更多、更细一些。这样做会使你有个好的开端，因为你能注意到那些重要的话题，就意味着有可能启动治愈过程。

2. 告诉对方你感到的任何不安

我们大多数人都从未有过倾听伙伴关系。当有人静静地听我们说上45分钟甚至1个小时的时候,我们会感到不知所措。特别是,如果倾听者既不发问也不做任何评论式的反应,我们有些人就会想自己是否有何不妥。假如你有类似的不安,要随时让对方知道。他不应该打断你或用发问来减轻你的不安,但是你可以这样问他以得到他的肯定的反应:"我这样说行吗?"或"你在听吗?"或"你明白我的意思吗?"他应该简短地给你肯定的答复,以便不占用你的时间。告诉他你有多么不自在,并尽量弄明白这是为什么。是这情景使你想起一件类似的往事?你想要什么?想知道他喜欢你?想知道别人也有同样的经历?你可能感到有某种特定的需要。试试你是否能发现它。

也许是经过好几次相互倾听之后,你的那种不安才会减轻。不要因此而放弃!这种不安很可能已经在你生活的许多方面造成了失误。花些时间和精力通过相互倾听,找到并消除这种不安的根源是一件值得做的事。

3.随着你的思路走

总之,你应该想到什么就谈什么。我们从小就被要求说话要注意场合("现在你要乖一点儿,不许说那种话!""你要那样说话,我就让你回自己的屋里去!""你马上就去对他说对不起!")因此,你可能不会马上能够想到哪儿说到哪儿——包括那些夸张的、不着边际的想象以及不礼貌的态度等等。通常是那些生动的、没有条理的念头会提供能引导我们发笑、哭泣或清除恐惧的线索。不必担心你的思想是跳跃式的,毫不连贯的。没有人要求你的思维像写文章一样有开头、中间、结尾三部分。如果你能在诉说中跟上自己的思维,你就会更好地了解自己的想法。

4.注意你的倾听者

和孩子一样,成人也会由于相互间友善的关注而彼此热情起来。随着对方对你有更多的了解,他对你的好感也会增长并更乐于协助你运用治愈过程。你在诉说时也要注意对方是否在专心听,是否对你的话感兴趣。如果他的关注让你感到害羞,就实话实说,或者做些什么,比如挡住自己的脸,让害羞的感觉随笑声而去。多年来我们很少被人关注,一旦有了这种

关注,我们会感到害羞,这是很自然的。

5.请求对方的帮助

如果你特别想得到某种肯定,请向对方开口。例如,“你瞧,我一直都在担心。我担心自己对监护孩子的安排不很恰当。你认为我能做出恰当的安排吗?我真希望我能!”对方会给你肯定的回答,说他知道你的思维很清楚,为了获得有关儿童监护的信息,你已经尽了最大的努力。

再比如,如果你想去除自己的害羞感。却不知该怎么做,你可以求助于你的倾听者。他可能会问你:“你以往有过不害羞的时候吗?”你会想起你上一年级的第一天,老师问到你时,你站起来对他自豪地说出了自己的名字,引得同学们大笑。你对他讲了这件事。于是你们决定你要像那次一样自豪地宣布你的名字,要略带夸张。你做了一次又一次,每次都大笑不已。然后你忽然哭了起来,因为你想起了父亲讲过的往事:人们如何因为他的名字而嘲弄他(我们应该注意这一点,即我们所受到的许多伤害都带有民族的、种族的或宗教的历史因素。我们一生中受到过各种压迫,它们对我们造成很深的伤害)。你的求助使得对方给你提出了一个很好的问题,为你启动了治愈过程。

6.让你的倾听者了解什么是他做得好的地方

你的倾听者正在尽其所能地、迅速而全面地学习如何协助你。你的赞许会加快他的进程并鼓励他更准确地看问题。例如,你可以对他说:“要我找到自己会害羞的原因可不容易,多亏你问对了问题。我对你讲人们是怎样拿我们家的姓氏开玩笑的时候,你给了我很大的鼓励。当我讲到父亲是如何被人骂的时候,我能看出你有多么关切——正是为了这个我才哭起来的。这次的咨询真好!”这样你就给了他特定的信息,使他明确以后可以如何协助你处理类似的伤害。

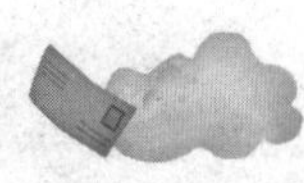

如何安排相互倾听

现在我们来谈谈关于相互倾听的具体安排。

1.时间

这要由你和你的倾听伙伴来决定。先定下总的时间长度,再平分为二。由倾听者掌握时间(或使用计时器),这样双方就会有均等的时候。建议在开始的几次各方都应有45分钟至1小时的时间,因为建立彼此的信任需要时间。时间过短就会难以建立彼此间的信任,在倾听中也就无法运用治愈过程。

2.次数

如果可能,最好是每周一次。次数过少会妨碍双方相互了解的进程,也会妨碍你们把注意力集中在主要问题上,因为你们有太多的事情要在这一次会面中谈。除每周一次之外,你们还可以通过电话在约定的时间作简短的相互倾听,以便处理某些比较紧迫的问题。你们也可以约定在某一方感到智穷力竭时可给对方打电话。但是打电话的一方在5至10分钟后应给对方同等的述说时间,以防止形成单方的依赖性。

3.地点

地点的安排也由你们双方约定。最好是不会被他人打扰的地方,一个相对整洁、愉快的地点,双方可以舒服地靠近着坐下,彼此容易看得见。有人有时候会在取卧姿、倾听人坐在身旁时感到放松,易于大笑或哭泣。为你们自己安排一个舒适安全的地方。采取任何必要的预防措施确保不被打扰,比如,倾听时间内把电话话筒摘掉。

4.准备

不论是对自己的问题还是对于对方的问题,你都应保持很好的注意力,这样才不会浪费你们的时间和精力。任何妨碍正常思维的药物,如尼古丁、酒精和咖啡因,都会降低人们处理手头事物和运用治愈过程的能力。这是因为尼古丁和咖啡因会使人们不能放松地与人交往,并对人的感官有

抑制作用。酒精还会阻碍由于伤害而受到影响的智力的恢复:酒精作用下的哭和笑都不会导致较明智的决定或适宜的举止。任何精神方面的药物都会严重妨碍你对诉说者的倾听。所以,在做相互倾听之前,一定要确保不服用任何对你的精神有影响的物质。

5.所需用品

最好有些沙发靠垫或枕头让你们能坐得舒服。还要一盒纸巾备用。另需一只计时器。

6.程序安排

多年的实践说明,有效的相互倾听大多有非正式的程序安排。这里做一简要介绍。

(1)诉说者谈愉快的事。诉说者谈新近的成功与愉快的事。这样可以避免让诉说者在把注意力指向自己时,过早地进入沉重阴郁的话题。注意一下积极的事物往往能使他想到自己的能力和长处,在她后来谈到自己的困境时还有助于提醒她不要感到在困难面前无能为力。

(2)诉说者回顾轻度的不快。这能让诉说者打扫"情绪的房间",他在此时通过诉说把那些生活中不愉快的各种小事过滤一遍,或者运用修复过程释放有关的紧张和不安情绪,或者把它们暂时放到一边,先处理更重要的问题。

(3)诉说者致力于主要问题或转入他想处理的问题。

(4)倾听者把诉说者的注意力带回到现实中来。这是倾听过程中愉快有趣的部分,在诉说者的时间还剩下5分钟时进行。其作用之一是告诉他时间快用完了,之二是把他的注意力从他正在谈的话题转移开。为转移话题,可以选择轻松的或中性的小问题来向她提问。例如,随意地问他:"你家附近的四条街叫什么?"或"能说出三种动物的名字是什么吗?"或"把你的名字倒着说一遍,再把我的名字倒着说一遍。"如果他一直在厉害地哭泣或发抖,可能需要5分钟的时间使他的注意力转回到现实中。也可以让他站起来,在屋里随便转转,喝点水,跳一跳,帮你浇浇花,等等,直到他看起来已恢复如常,能够把注意力放到你身上,或能够上路回家。每当你注意

到对方总是重复地谈自己的困境,不像马上要笑,哭或发抖的样子时,你都可以运用上述这个使对方的注意力转到轻松、愉快的话题上去的技巧。当你鼓励对方回想生活中的快乐时光时,愉快的记忆会与她刚才沉浸在其中的沉重烦恼形成对比。而正是这种对比能够帮助她启动自己的修复过程。我们大多数人都很难从极其沮丧的情绪中自拔,除非我们能意识到自己的未来还有希望。愉快的话题,诸如,“你还记得上次你睡着了以后有人给你盖上被子吗?”或“那次你意外地接到一位老朋友的电话是什么时候?”或“你们上次高兴得玩过了午夜是哪天的事?”等等,都会与那些时时笼罩对方的绝望情绪形成我们所期望的对比。

(5)双方互表赞赏。相互倾听伙伴之间坦率地表示对于对方的赞赏是很重要的。比较恰当的时机是在倾听结束时向他说明你在哪些方面对他本人和她的倾听很欣赏。

至此,对于你在开始建立有效的倾听伙伴关系时所需了解的情况我们已做了基本的介绍。如果你由于自己无法解决的问题不得不退出一个看来进行得很不顺利的倾听伙伴关系,请不要因此而因噎废食。你可以运用已经学到的东西去试着重新建立一个倾听伙伴关系。

可能出现在诉说者身上的问题

当倾听伙伴关系发展到一定程度时,人们会对他们的倾听伙伴——最好的倾听者,产生某种情感。有时需要特别关注一下这类感情。如果已经意识到这类情感的存在,可以在相互倾听时给予关注。

1.注意你对倾听伙伴的情感

如果你对倾听伙伴产生强烈情感,不论是正面的还是负面的,请自问一下,他使你想起了谁。例如,在某个倾听伙伴关系中,双方可能从一开始都感觉不错,随后的相互倾听效果也很好。但大约三个月后,你开始觉得对方让你很恼火,因为他在做诉说者时几乎从来不目视着你,尽管他能很好地利用这段时间,这时你就该对这个情况考虑一下了。如果他在做诉说

者时越来越能放松地哭泣、发抖和大笑,就表明他并不需要目视着你。这样,重要的问题是:“你为什么‘需要’他看着你?”

我们发现,当一个诉说者准备谈的内容要触及与自己生活有关的某一个人时,往往会开始把倾听者当成这个人。在上述的例子中,对于你来说,或许是你开始觉得对方恰似你的父亲,他就是经常不正眼瞧你。你对对方感到恼火是源于以往的某个严重创伤。不过,要对方改变他做诉说者时的习惯以使你“感到舒服些”是不妥当的。可取的办法是,在你做诉说者时,告诉对方你把他当成了自己的父亲。列举出对方与你父亲相仿的所有细节,声音、面貌特征、姿态和手势等等都非常重要。然后再尽可能地列举他们二人之间的所有差异,使自己充分明了他们实际上是极其不同的两个人。最后,谈谈你的父亲,你对他的感情。千万不要在处理这类情况时让对方误认为他的行为举止有问题。

让倾听伙伴关系健康发展的另一个要点是,汲取每一次咨询的经验教训,使下一次能进行得更好。我们已经找到了一个行之有效的方法。

2.记录宣泄

你可能在某次咨询时宣泄得很厉害,泪雨滂沱,浑身战栗。两天后,关于当时是怎么回事,触动了什么情绪,如何触动的,你可能一点也想不起来了。这样的事经常发生,尤其发生在有严重创伤的情况下。一个笔记本会帮你保存有关情况,把那些使你落泪或大笑的往事写下来。记下倾听者给你的那些有效地启动了或促进了你的康复过程的提示或鼓励的话。作为父亲或母亲,你每天都有很多意外或复杂情况亟待处理。有了笔记本,你就不必在咨询前苦苦回忆上次的情况来确定这次要谈什么,以及对方可以怎样帮助你,从而节省很多时间。

如何培养倾听伙伴关系

一旦开始建立倾听伙伴关系,你会希望悉心培养它。一个愿意认真关心你和你的生活的倾听者,对于你是弥足珍贵的。以下几条原则是根据长

期经验归纳而成的,值得认真参考。

1.永远以礼待人

注意普通的礼节可以使这种关系免受干扰和不必要的麻烦。人人都有很多事要操心。如果一方在约定时间之前的10分钟才打电话告诉另一方说自己生病了所以不能赴约,很可能给人平添烦恼。所以,一定要守时,要轮流承受赴约的不便,例如路程远或需要作较复杂的安排,等等。如果对方赴约来你家,要事先把要用的房间收拾得尽量整洁。他到来时要表示欢迎,离开时要表示对他的赞赏和友爱。这些简单的礼节会很有助于巩固你们的倾听伙伴关系。

2.把倾听伙伴关系与你们的其他私人关系区分开

如果对方早已是你的朋友,那么你要注意在倾听他时一定不给任何劝告或提供实际帮助。因为这是另一种关系,它对你的要求是帮助对方思考和运用自己的康复机制。当你做诉说者时,也不要寻求任何实际帮助(比如,“你认为城里最好的儿科医生是谁?我们原来那位很快要退休了。”)。你在倾听对方时也要避开任何实际的询问,以免走题(比如,你可以说,“咱们过后再谈医生的事吧。刚才你说珍妮昨晚很不高兴是怎么回事?”)你还要记清他诉说的内容,以尊重对方关于保密的需要。

3.承诺为对方诉说的内容保密

没有比破坏为对方保密的承诺更能毁掉一个良好的倾听伙伴关系的了。一位母亲在诉说时谈到的任何内容都不应被你再次提起。不论是在你自己的诉说时间内,在这次咨询之后,还是在任何社交场合,包括与你的伴侣、亲友和子女之间的闲聊,都应如此。没有保密的守约,这位母亲就永远无法确定自己的痛苦和随意的想法不会被传到第三者的耳朵里。每个人都需要一个安全港,在那里可以坦言自己解决不了的问题,可以感受和表现自己的不安,可以表示自己有时也需要帮助。他们需要确知自己在放松戒心的情况下讲述的内容,不会被用来做不利于他们自己的事。为对方保密就可以建立起这种安全港。你必须作出承诺并遵守承诺,以使对方有安全感。

如果对方在他的述说时间里,偶然提到你刚说过的内容(例如,“你知道,我的儿子和你的儿子一样!也把他的房间弄得一团糟……”),你要和气而迅速地打断他,用确定无疑的口吻提醒他。你可以说,“请原谅,我是在自己的时间里说到我的儿子的。现在我不想再提他了。”经过这样几次后,你和对方都将学会不把相互倾听时听到的事当成闲谈的话题。

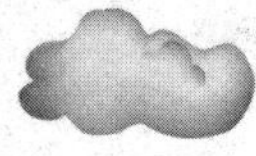

如果对方谈到的内容使你心烦意乱,你可能需要找到另一位倾听者,谨慎地谈出有关的烦恼,以便排解情绪,理清思绪。谈的时候要隐去有关的姓名。例如,“今天我听到一件事让我很不安。我不能详细地讲给你听,可我真为那些被父母毒打的孩子难过。……”

4.经常以不同方式赞赏你的倾听伙伴

让他知道你喜欢他,让他知道你欣赏他的哪些方面,不时开玩笑似的碰触他,不必刻意地做什么。朴素的人与人之间的友爱就能使你们的伙伴关系得到日益增强的保障。

维护倾听伙伴关系的特性

如果你和你的倾听伙伴以前并不相识,那么就请注意让你们的关系不要超越倾听伙伴关系。这种关系的目的是通过倾听协助对方解放其被束缚的聪明才智。

我们已经注意到,由于各自都能得到特别和直接的关注,倾听伙伴关系会使我们“自然而然地感到安全”,从而会产生某种令人困惑的情况。即倾听伙伴有时会双双“坠入爱河”。或者,他们会在某些方面感到相互倚重(比如抚育子女,健康咨询,或想加入某个颇有吸引力的社会团体等)发生这种情况的原因是此种关系内在的安全性。你遇到了一个能始终赞赏你,在你烦躁不安时能好心待你的人。所以不难理解,你在童年时期或现在的生活中未能实现的愿望会在你所遇到的最好的倾听者面前一拥而上,急切地期待得到满足。

以往的经验有力地表明，如果你希望有更多的时间与倾听伙伴在一起以满足你的社交和个人需要，就说明你已经需要运用康复机制处理有关的情感问题。当然，总会有一天，你，一位单身母亲，能找到一位让你有安全感的男友。你可以面对倾听伙伴哭诉你的渴望；随着自信心的增强，你也可能教会你的男友如何倾听。但不要试图把倾听伙伴关系转化成浪漫关系，结果不会很好。

结果不会很好的原因在于你从对方的倾听中得到的关注和肯定使你期望扩展你们的关系以便给你带来更多更好的关注。而这种期望是不现实的，没有人能连续不断地给予你关注。倾听伙伴关系的安全感应当被用来清理各种情绪，使你能够按照自己的愿望生活。如果想依赖这种关系使自己生活得轻松些，能为社会所接受，减轻孤独感，就是在试图对你面前的有积极意义的挑战视而不见。所以，请运用倾听伙伴关系，为自己的追求和自己如此苦苦追求而不果而痛哭一场，清除长期压在心头的有关情绪。你能够凭自己的力量和恒心，以及倾听伙伴的支持，努力实现自己的目标，并从头开始，建立起能丰富自己的生活的友谊。

提示与思考

1．作为一个父亲或母亲，你是否倾听过别人或向别人诉说过关于抚育子女的喜怒哀乐？请回忆最近的那一次。

2．对于你，与其他的父亲或母亲建立倾听伙伴关系是否有困难？如果有，是什么困难？

十、倾听的技巧

对方作为诉说者已经向你谈了他的众多困难。作为倾听者，你感到，她尽管身处困境，仍努力对他人保持着爱心。此时，她也许已经向你详尽地介绍了自己的生活，某个时刻可能还感受到那种启动恢复过程所需的安全感。但可能也有这样的情况：她全身心地感受着某种困境，可既笑不出来，哭不出来，也不发抖。无论你怎样耐心和表示关注，她就是不能开始修复过程。

在这种情况下，你需要启用有效倾听的第五个重要原则。前面我们已经谈到四个原则，即：尊重倾听伙伴，相信自己的注意力的效力；倾听时，专注于对方的问题，不要因自己的问题而分心；识别倾诉者所谈问题的症结所在；协助倾听伙伴释放紧张情绪。如果你遵照前面所介绍的基本要求去做，而仍不能引起对方哭泣，或大笑、发抖、发怒、打哈欠，这第五个原则会帮助你启动对方的修复过程。

你要想到自己正在努力使对方身上的不良情绪或僵化的行为模式有所松动，以便使对方能够甩脱它们。为此，你可以采用反其道而行之的办法。如果他讲起自己曾遭受到的冷遇和否定，请他注意你就在他身边这一事实和你对他的肯定态度，会帮助他重新认识自己的价值。如果他谈到自己心绪混乱，就告诉他，你相信他一定能理顺一切。鼓励他讲述引起他目前情绪紧张的根源，这样，他就可以想到自己的烦恼来自过去受到的伤害，而不是什么个人的缺陷。你为对方提供的信息是：他是个很好、很能干的人，能摆脱任何面临的困境。凭你良好的倾听所建立起的信任感，以及通过上述方式提供的准确有力的支持，会使对方修复长久以来一直折磨着他的旧日创伤。他将能够排除长期纠缠着他的不良情绪，从而更充分地运用自己的力量和才干。

帮助对方摆脱僵化模式的基本方法

1. 赞赏对方

如果他说自己感到筋疲力尽，你要告诉他，确实应该休息一下了。假如他的疲劳已导致情绪低落，你要让他知道，你认为他在如此困难的情况下干得非常出色。如果一位父亲感到自己由于拼命工作而疏远了家庭，你就告诉他说，你确信他是以自认为最好的方式关心家人。这样的赞赏对于诉说者不断责备自己的倾向是个反作用力，能使她（他）重新考虑自我评价。

2. 宽慰对方

宽慰会很有效，只要宽慰的话简单而诚恳，能提示“人性本善”这一道理。假如一位父亲因为儿子经常对自己发脾气而感到自己是个失败者，你就说你敢保证孩子们都深爱自己的父母，你肯定过些时候他一定能想出办法改善父子关系。让父母确信他们爱孩子，孩子也爱他们，他们一直在努力当好父母。这会有助于排除大多数父母都有的令其压抑的负疚感和失败感。

3. 鼓励对方为自己而自豪

当一位母亲欣喜、自信地站在众人面前，自豪地谈着自己和孩子时，内在的情绪会立刻上浮到表面，常常跟随着大笑宣泄出来。公开地表现自豪与我们每天都能感受到的内在的自我贬抑相互矛盾。要知道赞美自己对于这位母亲是不舒服的。她对自己因受到贬低而形成的情感伤害（例如，听别人说她人微言轻，工作不称职，或过分神经过敏，当不好母亲等）已习以为常。但是，当她试着以高兴的语调说，“我是个随和、可亲的母亲”时，她会有哭有笑。此时她原有的僵化的自我评价会受到冲击，因为她已得到了你的鼓励去努力把它清除掉。

4. 帮助对方重新充满活力

恐惧和悲伤会夺去我们的活力。在家里我们灰心丧气地呆坐，在学校

的家长会上我们悄悄站在某个角落里，生怕有人会注意到我们的惴惴不安。

在咨询中，当一位母亲提到她很胆怯时，你可以鼓励她用充满活力的动作来战胜胆怯。如果她谈到自己在家长会上感到很羞怯，你就请她站起来，展开双臂，热切地说，“嘿，各位，我在这儿！”这似乎有点傻气。但只要想想两岁的孩子会怎样乐于向他人展示自己！他们认为别人会欣喜地看着自己跨出的每一步和每一个小小的尝试。所以，此刻你不过是在帮助对方重习她幼年时曾有过的愉快的自信。

如果一位父亲谈到儿子给他带来太多烦恼，你就让他按住你的肩膀晃一晃，把你当做他的儿子，倒出他想对儿子说的心里话。你要让他无所顾忌地表现出自己的忧虑，以及这种心情背后的深深的关切。你不是在训练他如何对别人大吵大闹，也不是在教他如何应付真实生活中的问题。你只是在帮他打破那种伴随着伤心或担忧的情绪而来的消极状态。对方的反应通常是大笑、冒汗和发抖，因为他们习以为常的僵化行为模式与你要求他做的事发生了冲突。那些反应表明他正在释放出紧张情绪，从而使他在以后处理问题时不会再受那些情绪的干扰。

倾听中的鼓励

1.对方描述烦恼时，要鼓励他建立充分信心

也许一位母亲会提起她孩子学校的一位教师，因为她总以某种难以捉摸但确实存在的偏见对待她。她说尽管自己不能肯定，但她认为，这位教师因为她是墨西哥裔美国人而瞧不起她。这时你可以让她把你当做那个教师，要她直接面对她表达自豪感。你可以让她说，“我是墨西哥裔。作一个墨西哥裔真棒！我是个聪明、可亲的母亲。请尊重我！”当她努力怀着自豪看待自己时，积压在内心的严重伤害会开始随着泪水、颤抖，或许还有愤怒的语言和动作一起释放出去。当她体验到摆脱伤害之后的自由轻松感时，她会能够以更丰富的言辞表达自己的自豪感。如果不是这样，你就要

继续给她提示，让她试着说表达自豪感的话，做表示自己坚强有力的动作。在给她提示时，她可能会哭得很厉害，这很有益处。你不必急于让她做什么，眼泪会帮助她逐步恢复信心。同时，你自己在为她提供一个榜样，鼓舞她驱逐掉那些长期压在她内心的恐惧和悲伤。

2. 鼓励他勇于面对压在内心的消极情绪和僵化的行为模式

若一位母亲对你述说她自己的情感创伤或她自己僵化的行为模式时表现得很镇静，不笑不哭也不发抖，你可以建议她试着做一下能显现自己可亲、自信和强有力的动作。如果她对十几岁的女儿感到很恼火，你可以让她说出自己的想法，回忆她在女儿小时候常对女儿说的充满爱意的话，并设想用哪种语调对女儿讲话。如果有位父亲忧心忡忡，不知如何面对已三年未见而即将重逢的女儿，你可以要他说，“赛丽亚爱我，我也爱她。我们能相处得好。”

你不是在试图让那位母亲粉饰实际存在的问题。你是要她在此时此刻体验爱、希望和自信，以便冲刷掉压在她心头的失望、沮丧和忧虑。给她的提示因为与她的情绪有很强的反差，会触到她的痛处，正是这种反差产生了积极作用。被触到痛处表现为哭泣、发抖或不自然的但有治愈作用的笑声。你可以放心地让她重复说，“一切都会好的。”尽管你并不确切地知道将来的事。你是用长远的观点看问题。一位父亲或母亲遇到的每一个困难都可以被看做一个学习的机会。接连不断的困难就意味着一次次解决问题的机会，对于能得到倾听的父母们来说尤其是这样。你可以引导对方重复表达自己充满希望的词句，触碰她内心深处的无望情绪，使她落泪、发抖。经过这一步，她会有稳定进步，能更有效、更有创造性地解决问题。

对方在试着按照这些“正面引导”去说和做时会感到很不舒服。它们直截了当地指向她内心深处厚重的消极情绪，恰似一把铲除积土的铁锹。那些情绪由于沉积太久，仅仅靠述说不足以使其受到触动。你的提示引导她注意到爱、关心和自信，甚至开心愉悦，掀动了她内心深处的情绪，尤其是无望、恐惧和孤独。在她试着照你的提示做过以后，帮助她注意她的声音里是否自信不足，语调上是否仅仅是模仿而没有真实情感，让她详细告

诉你为什么此时在她的声音里不可能表现出爱。这样的详细叙述会带出强烈的情绪宣泄,从而启动康复过程。

作为倾听者,你的最终目标不是让对方感觉好一些。凭感觉指导行动是不可靠的;宏观上看问题,感觉如何也不是最重要的。你的目标是通过倾听对方,给予对方尊重,最终帮助他充分发挥出聪明才智。当他运用你的关注处理自己的困惑时,会时不时感到不舒服。他会决心正视以往受到的伤害,在康复过程中,会重新感受到那些痛苦、绝望和恐惧。不同的是,他现在是安全的,有朋友倾听他,有人看重和支持他。重新感受旧日创伤是痛苦的,但现实是美好的。尽管他在此次被倾听的过程中及之后不总能保持心情舒畅,他将能够更好地把握自己的生活。他的理智将使他能更迅速地驱散旧日创伤的阴影。

如果上述倾听技巧对你很陌生,你不必担心。相互倾听时,不论是做诉说者还是倾听者,你都可以练习使用这种方法。通过自己的体验学习是掌握这种技巧的最佳途径。还要记住,离开基本的倾听技巧以及对你的倾听伙伴的真诚关心,上述技巧是不会奏效的。要把注意力首先放在倾听上,更高层次的技巧的运用,应建立在你和倾听伙伴之间的彼此尊敬和信任的基础之上。

十一、如何有效地帮助父母们

有助于完成父母职责的方法

我们做父母的都热爱自己的孩子，对他们负有责任，希望他们生活幸福。一个好咨询者在为父母亲们做咨询时，应该把上述观点作为基本出发点。

重要的是要提醒人们，他们不可能是十全十美的父母。因为信息不足，无法左右周围的环境，以及缺乏足够的帮助，他们不可能把所有的事都做得很好。不过我们确实具有一个非常重要的能力，这就是，我们能珍惜和欣赏自己的孩子，为自己作为父亲或母亲而感到自豪。经常想到这一点可以使我们不再总是不满意自己，使我们乐于交朋友，围绕着家庭营造起相互关心的关系网。我们需要对人述说由于不满意自己做父母的表现而积累起的愧悔，并允许自己因此而哭泣。这样，我们才能注意到自己也曾有许多地方做得很好，我们的孩子也有很多长处。

帮助父母们学会表示对孩子的爱

我们很少对自己的相互倾听伙伴、同事或朋友们谈起自己如何爱孩子。常常是在谈自己的烦恼和困惑时，才会提到孩子，很少能够把孩子与欢乐联系在一起。于是，同事和朋友们就会对我们与孩子的关系产生片面的印象。因为他们只听到那些麻烦事，而没有令人快活的事情。他们可能会疏远我们，没有兴趣进一步了解我们和我们的家庭。在做相互倾听时，

我们需要尽力表现出孩子给自己带来的欢乐与自豪感,用笑声排除掉因自己的“开诚布公”而感到的尴尬。这样做的目的是锻炼自己向他人显示自己对家人的爱的能力。这样就为家庭以外的人敞开了大门,使他们感到受欢迎,对我们感兴趣,乐于成为我们生活中的一部分。

消除社会压力对父母们的影响

父母们忍受着社会的压力,抚育下一代是极其复杂和无价的工作。可社会却忽视了我们这一超负荷的意义重大的工作,未能给予培训、报酬和保护。因此,父母们会发现自己在经济上处于劣势。不论我们的家庭是直接面临贫困还是有可能面临贫困,大多数父母都会由于在抚育子女方面缺乏支持而感到沮丧。我们会由于没能“把子女养育得更好”而内疚。我们在如何抚育子女和帮助他们解决问题方面常常感到困惑;我们觉得孤立无援,只是独自奋斗。我们由于一天18小时的工作、24小时的责任而精疲力竭,极力挣扎着不被拖垮。

当下列的情绪之一成为你的主要问题时,可以用相关的简要提示帮助你启动康复机制:

(1)内疚。针对父母的内疚感的基本提示可以是,“我是个好母亲(父亲),我爱我的孩子。我只有一些小小的遗憾!”(轻描淡写地)倾听者应充分地倾听对方所述的遗憾,不要试图让对方放宽心或“感觉良好”。我们需要为自己与孩子之间发生的不快大哭一场,才能重新欣赏孩子和我们自己。

(2)困惑。当你不知如何是好时(一天可能会有20次),这种处境会使你悲伤、害怕和沮丧。我们是如此关心我们的孩子,可就是不知道该如何把这份关切传递给他们。倾听者的责任不是为一位母亲解决问题,而是协助她排除妨碍她思维和行动的消极情绪。

为了有助于理清父亲或母亲与孩子之间的问题,可以要他们从怀孕、孩子的出生和婴儿期谈起,从而勾起他们的全部有关情绪。我们对孩子的

期望和承诺是在那时候形成的。也是在那时候，我们初次尝到作为父母所承受的孤立和压力的滋味。我们与孩子之间的问题往往源于那个时候。

孩子常常会使我们想起自己小时候遇到的麻烦。请父母谈谈小时候的生活，特别是当他们与自己的孩子同龄时的生活。如果他们的行为像自己的孩子一样会有什么结果？也可以问他们是否试图保护自己的孩子免受自己童年的某种遭遇？

还有一个办法是问他在孩子"不乖"时，是什么妨碍他亲切、温暖地对待孩子？是什么阻止他靠近遇到麻烦的孩子？是什么使他不能以孩子为中心，觉得他们有点儿不顺眼。如果我们在相互咨询时细查一下我们对别人的态度，常常会发现我们是在不明智地把对待自己父亲或母亲的态度转嫁到了别人身上。例如，一位母亲急需帮手照料自己两岁的孩子，但却不放心乐于帮忙的邻家母亲。她在查找自己不放心的理由时，回想起自己六岁时母亲就去世了。是埋藏至今的早年丧母的恐惧感使她害怕把孩子"丢"给别人照料，并不是邻家母亲本人有什么不妥。当我们着手为自己和家庭寻求和安排"外援"时，仔细反省一下自己对那些"我们不愿信任"的父母同行们的看法是很有益处的。

要认识到每个家庭都是不同的

"好家庭"没有固定模式。家庭大小不同，背景不同，成员组成不同，也有暴风骤雨和危机时刻，也需要帮助和支持。不论这个家有两个还是十个成员，它的组成都有别于其他任何家庭。没有预定的规则或做法会恰好适合这个家庭的需要：正如它的每个成员一样，它也是独一无二的。如果我们能根据自己的悉心考虑去抚育儿女，而不是努力迎合他人的期望或某种文化模式，我们的生活会变得轻松些(尽管原因比较复杂)。我们尽可以让孩子在某个炎热的下午从车窗里向外大喊大叫；尽可以违背一下传统，晚餐时不吃热饭菜；尽可以别出心裁地在家里做个小试验让家庭气氛更轻松融洽，成员彼此更亲近。身为父母的人们彼此间的互助可以体现在鼓励对

方以各种方式——传统的或非传统的，增进家人之间的感情。每个家庭都是不相同的，永远是不相同的。

欢迎父亲尽抚育儿女之责

对父亲和母亲都适用的一个重要的引导是要鼓励父亲充分地、自豪地进入孩子的生活。在我们的社会中，父亲常常被看做是“供养者”，而不是“抚育者”，与母亲所承当的“主要抚育者”角色相比，父亲是“次要的抚育者”，把父母们从这种固定的角色模式中解放出来有益于每个人。孩子们爱母亲也爱父亲，愿意和他们两人都亲近。如果一个父亲以为自己不够格或懂得不够多，他就需要反省一下这类想法，并打消它。母亲和父亲在抚育孩子方面都会有失误。他们都会有困惑的时候。由于传统上父亲们较少参与抚育子女，他们需要特别鼓励去参与并乐于耐心学习如何与孩子相处。父亲们喜欢亲近孩子，喜欢孩子带来的快乐与挑战。

抚育子女的工作是世界上最有趣和最有回报的工作。孩子们提醒我们，快乐、享受、热情和刨根问底地了解事物，也是我们成人与生俱有的权利。该是我们着眼于孩子的和我们身为父母的欢乐的时候了。该是我们着手建立互助网络以使自己和家庭蓬勃向上的时候了；该是我们与其他父母们共同努力建立起一个能够支持父母和孩子们的社会的时候了；该是建立这样一个社会的时候了——在这个社会里孩子不会陷于贫困，不会受到种族歧视，父母们不会由于缺乏物质或信息而不能很好地尽其抚育之责，重要的是不要踽踽独行。